교육사상의 역사

고려대학교 교육사철학연구모임 편

대표집필: 강선보, 한용진, 신창호

집 필 진: 정 훈, 강성훈, 장지원
이윤범, 이화식, 김정화
문혜림, 최승현, 윤선인
이동윤, 김자중, 조경민
홍기표

집문당

머리말

동서고금을 막론하고, 교육은 인간 문제를 해결하기 위한 제도적 장치이다. 일정한 시간과 공간을 살아가는 인간이 저지르는 다양한 문제들! 그것을 풀어가기 위한 공식적 실험이다. 어떤 시대에는 공동체의 유지를 위해 필요한 생각을 고민하였고, 어떤 시대에는 개인의 자유와 성숙의 문제를 주요하게 고심하기도 했다. 자유민주주의를 정치체제로 채택한 국가는 개인의 자유와 평등이라는 화두로, 사회민주주의를 선택한 국가는 공동체의 안녕과 복지를 화두로 하여, 개인에서 공동체에 이르는 인간 구조의 문제, 공생, 협력과 경쟁, 자유와 평등, 수월성, 권위 등 이루 헤아리기 힘든 많은 논의들을 개념화하고 조직화하며, 때로는 실천의 영역으로 끌어들여 교육의 문제로 성찰하였다.

그러나 어느 것 하나 온전하게 해결을 본
사유는 없는 듯하다?!
아니 결코 완전무결하게 해소될 수 없다!
궁극적으로 그렇게 될 필요도 없다.
시대는 변화하므로.

역사는 드라마처럼 장중하게 흐른다. 그 시대의 한가운데, 수많은 사상가들은 교육이라는 시험대를 통해 인간의 건강성을 확인하려고 했다. 그것은 성공이나 실패로 거론하기 어려운 인간의 자기 노력이었다. 우리는 그런 사상가들의 노고에 감사를 표한다. 그들이 있었기에 교육은, 감히, 진보해 왔다고 위안할 수 있다.

이 책에는 아직 설익은 학인들의 공부 모습, 특히 고려대학교에서 교육철학 및 교육사학을 연구하는 연구자들의 자기 성찰이 담겨 있다. 고려대 교육사철학 연구모임은 20여 년 전부터 매 주 세미나를 진행하는 스터디 그룹이다. 여기에는 석·박사과정생에서 지도교수에 이르기까지 자신의 형편에 따라 자발적으로 참여하여, 교육사철학과 관련되는 다양한 주제를 검토한다. 석·박사과정 학생들의 연구 모습을 지켜보고 있노라면, 때로는 도발적이고 때로는 신선하며 때로는 어설프다. 그래도 그들의 진지한 연구 모습을 통해 후생가외(後生可畏)를 느끼며, 학문적 희망과 즐거움을 지도교수로서의 마음에 담는다.

이 책을 엮은 동기는 간단하다. 우리는 세미나를 통해 교육사상의 흐름, 그 계보를 점검할 필요를 느꼈다. 어디에 누가 어떤 사유로 위치해 있고, 우리에게 어떻게 다가와 있는가? 그 거시적 그림을 느슨한 형태로나마 한번 그려보기로 했다. 그것은 교육의 기초, 교육의 본질을 고민하는 우리들이 해야 할 기본 몫이었다. 그러나 우리의 능력 범위를 벗어난, 지나친 큰 꿈이나 욕심은 가능한 한 배제하기로 했다.

그런 차원에서 이 책이 지향하는 대상은 다음과 같은 수준 있는 교양인들이다.

첫째, 교육의 기본적 흐름을 개략적으로 파악하려는 대학생에게 권한다. 많은 교육학도들이 다양한 교육학 수업을 받지만, 제한되고 단편적인 내용 때문에 교육과 교육학의 밑그림을 그리는 데 실패한다. 우리는 이 책이 그것을 뒷받침하는 데 일조할 수 있기를 기대한다.

둘째, 학교를 비롯한 다양한 교육현장의 교육지도자들에게 추천한다. 교육현장은 교육의 핵심 주체들이 활동하며 이 시대 교육을 실천하는 곳이다. 우리는 실천이 이론에 앞선다는 점을 충분히 긍정한다. 이 책에는 그런 실천의 기본사상과 역사적 흐름이 담겨 있다. 현장의 교육지도자들이 간략하게나마 교육실천의 역사를 성찰한다면, 훨씬 알찬 교육을 수행할 수 있을 것으로 기대한다.

셋째, 교육에 관하여 알고 싶어 하는 일반인에게 권한다. 교육은 삶의 전 과정에서 진행되는 하나의 여정이다. 그것은 직접 교육을 담당하고 있는 학교나 교사, 교육전문가들의 전유물이 아니다. 어떤 차원에서는 일반인의 관심이 훨씬 깊을 수 있다. 이 책을 통해 교육에 흥미를 갖는 민중들이 교육의 거시적 흐름과 다양한 특징을 느낄 수 있다면 더욱 좋겠다.

이 책은 '교육사상의 역사'라는 이름에 맞추어 세 부분으로 구성하였다. 다룬 인물은 소크라테스를 비롯하여 서구의 교육사상가 32인이다. 더 많은 인물이 있지만 지면상 생략하였다. 여유가 되면 보완할 것이다.

제1부 "교육의 본질 형성"에서는 고대에서 근대에 이르기까지 교육의 개념과 본질, 교육학의 성립에 기여한 사상가들의 기본 사유를 정돈해 보았다. 제2부 "교육의 개념 확장"에서는 근대 공교육의 성립에서 다양한 교육 개념의 등장, 방법론의 발달 등을 고민한 근현대의 여러 사상가들의 의견을 정리했다. 제3부 "교육의 혁신과 심화"에서는 교육의 개념에서 방법에 이르기까지 개혁적 성향을 지닌 학자들을 분류하여 제시해 보았다. 가능한 한 시대의 흐름과 유사한 성향으로 분류하려고 했으나 쉬운 작업만은 아니었다. 물론 이와 유사한 책들이 몇 종 있으나 인물을 분류하기보다 단순하게 시대순으로 나열하여 제시하는 경우가 많고, 전문적 연구작업이라 일반 교양인이 읽기 어려운 수준으로 판단된다.

이 책의 초교 집필은 석·박사과정생과 몇몇 박사가 맡았고, 이를 다시 박사 수료생 이상의 연구자들이 윤독하며 검토를 거친 후, 지도교수들이 최종적으로 수정·보완하였다. 특히, 고려대 강사인 정훈·강성훈 박사와 경희대 강사인 장지원 군의 노고가 컸다.

사정상 일일이 주석을 달지 않고 참고문헌에 밝혔지만, 해당 사상가들을 깊이 연구한 국내외 연구자들의 성과는 많은 도움이 되었다. 그들의 연구물이 없었다면 이 책은 만들어지기 어려웠을 것이다. 선학들에게 깊이 감사드린다. 내용상 오류가 있다면, 저자들의 책임이다. 사계의 질정을 바란다. 앞으로 스터디를 통해 지속적으로 보완할 것이다.

초교 집필자는 다음과 같다.

소크라테스/플라톤(장지원), 아리스토텔레스(최승현), 코메니우스(김자중), 로크(홍기표), 루소(홍기표), 칸트(최승현), 페스탈로치/프뢰벨(이윤범), 헤르바르트(윤선인), 콩도르세/피히테/만(김자중), 톨스토이/크루프스카야(정훈), 듀이(윤선인), 프로이트(강성훈), 피아제/몬테소리(조경민), 콜버그(조경민), 부버(김정화), 슈프랑거/볼르노(이윤범), 스펜서(장지원), 블룸(이화식), 브루너(이화식), 슈타이너(이동윤), 케르셴슈타이너(이동윤), 프레네(정훈), 아도르노(강성훈), 프레이리/일리치(문혜림)

끝으로, 어려운 사정에도 불구하고, 공부에 매진하는 연구자들에게 출판을 통해 학문적 동기를 부여해 준 집문당출판사에 감사드린다. 특히 김대영 부장님과 난삽하기 그지없는 글을 잘 다듬어 준 최정미 편집부장님, 그리고 표지 작업에 신경써 준 임용우 디자인 실장님께 고마움을 전한다.

2009. 2.

안암동 연구실에서

강선보 · 한용진 · 신창호

차례

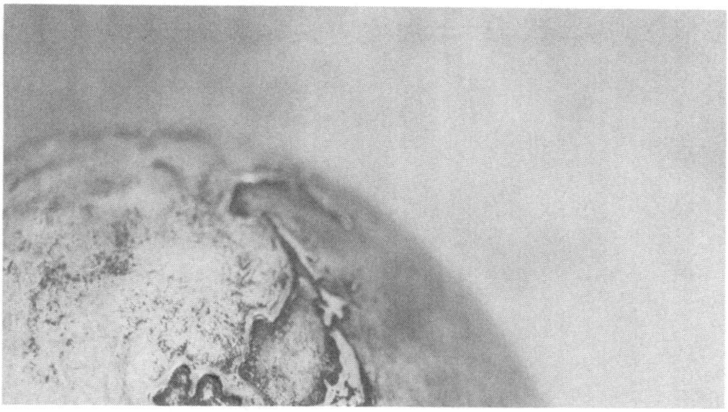

제 1 부

교육의 본질 형성

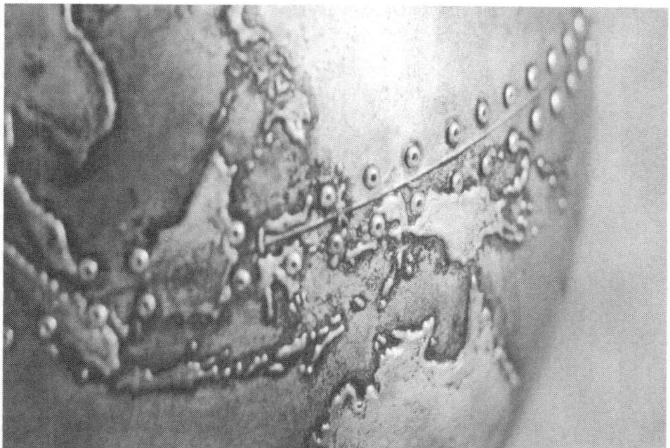

제 1 장 소크라테스/플라톤

Socrates, 기원전 470~기원전 399
Platon, 기원전 427~기원전 347

덕은 지식이다
—『소크라테스의 변론』에서

I. 생 애

소크라테스! 이름 자체는 우리에게 너무나 익숙하다. 그러나 그의 생애는 구체적으로 알려져 있지 않다. 여러 가지 자료에서 묘사되는 것을 보면, 소크라테스는 질문을 던지고 논쟁하기를 좋아하는 사람이었다. 실제로 그는 시장(agora)을 돌아다니면서 전문가를 자처하는 사람들에게 도전적인 질문을 던졌다. 그리고 그들의 신념이나 전문적 지식이 실제로 모순된 것임을 보여주곤 했다.

소크라테스는 볼품없이 흉측한 얼굴, 누더기가 된 외투와 맨발, 으스대며 걷는 걸음걸이와 독설 때문에 늘 사람들 눈에 띄었다고 한다. 그는 아무나 붙들고 끊임없이 논쟁하면서 그들이 지닌 신념에 오류가 있음을 밝혀내는 데 온 힘을 쏟았다고 한다. 특히, 델피 신전에 새겨져 있던 너무나도 유명한 구절, "너 자신을 알라(Gnothi Sauton)!"를 강조하며 아테네 시민들을 훈계하였다.

기원전 400년경, 소크라테스는 아테네 민주정체 아래서 사형선고를 받는다. 그리고 독배를 마시고 이 세상을 떠난다. 이유는 간단했다. "폴리스에서 신봉하는 신을 믿지 않고, 청년들을 타락시켰다는 것." 그는 생전에 단 한 줄의 글도 남기지 않았다. 그러나 어렸을 때부터 그와 친분을 유지하였고, 성인이 된 후에는 그에게 철학을 배웠던 플라톤이 그의 사상을 정리하여 오늘날 우리에게 전해 주고 있다.

소크라테스의 제자였던 플라톤은 아테네의 명문가에서 탄생하였다. 그리고 민주시민 교육을 받으면서 정치에 관심이 많았다. 특히 청장년 시절, 기원전 407년부터 소크라테스가 죽던 기원전 399년까지 빠짐없이 소크라테스의 강의를 들으며, 그의 문답식 대화술을 익혔다. 그러나 아테네 민주정체의 폴리스 내에서 유일한 현자(賢者)였던, 이른바 지성이었던 소크라테스가 사형당하는 모습을 보며, 민주주의에 대한 기대를 완전히 접었다.

스승 소크라테스의 죽음 후, 그는 아테네를 떠났다. 그리고 한참 뒤에 다시 돌아와 『소크라테스의 변론(*Apology*)』, 『라케스(*Laches*)』, 『에우티프론(*Euthyphro*)』, 『프로타고라스(*Protagoras*)』, 『고르기아스(*Gorgias*)』 등을 저술하여, 소크라테스의 사상을 되살려냈다. 플라톤은 40세가 넘어 피타고라스 학파와 오르페우스 교단의 학설에 매력을 느꼈다. 그는 시칠리아를 여행하다 시라쿠사에서 참주 디오니시우스의 처남 디온을 만난다. 디온과 정치·도덕에 대해 토론하면서 디온을 이상적 지도자로 여기게 된다. 그리고 몇 차례의 시도를 통해 자신의 이상인 철인(哲人) 통치자와 이상국가를 만들어 보려고 했으나, 결국 실패하고 만다.

아테네에 돌아온 플라톤은 아카데미아를 설립하여 제

자 교육에 힘썼다. 우리에게 잘 알려져 있는 아리스토텔레스가 대표적 제자이다. 동시에 『국가(*Politeia*)』, 『파이드로스(*Phaedrus*)』, 『법률(*Nomoi*)』 등을 저술하여 서양철학과 교육 사상의 바탕이 되는 사유를 담아냈다. 이후, 기원전 347년경에 80세를 일기로 숨을 거뒀다.

Ⅱ. 철학의 탄생

1. 소크라테스와 아르떼

소크라테스는 "덕(Arete)은 지식(Episteme)이다"라고 선언했다. 이 짧은 경구에 그의 인간관과 인식론, 교육관 등이 두루 담겨 있다. 여기에서 '덕'과 '지식', 즉 아르떼(arete)와 에피스떼메(episteme)는 무엇일까? 특히 아르떼를 어떻게 이해하느냐가 그의 사유를 이해하는 열쇠이다.

아르떼(arete)는 우리말로 흔히 덕(德)이라고 번역한다. 하지만 실제 고대 그리스에서 사용하던 아르떼의 용법과는 차이가 있다. 일상용어에서 덕은 사람에게 쓰는 말이다. "지도자가 덕이 있어야지!"라든가 "그 사람 참 덕망 있는 분이야!"라고 할 때, 덕은 사람 됨됨이와 연관되기도 한다.

그러나 고대 그리스에서 아르떼는 사람, 사물, 물건 등 어떤 대상이 지닌 '가장 뛰어난 훌륭한 상태'를 가리키는 말이었다. 예를 들어, 볼펜의 아르떼라고 하면, 볼펜이 잘

써지는 상태를 가리키고, 구두를 만드는 제화공의 아르떼는 누구나 편안하게 신을 신발을 만들 수 있는 능력을 갖추는 것이다. 그런데 좋은 신발을 만들기 위해서는 훌륭한 구두의 기능에 대해 알아야 하고, 동시에 그것을 제대로 만들 줄 아는 지식, 기술을 갖춰야 한다.

인간의 아르떼를 얘기할 때도 마찬가지 기준이 적용된다. 즉 인간의 기능에 대한 지식이 필요하고, 동시에 어떻게 하면 사람 구실을 할 수 있는지에 대한 지식이 있어야만 비로소 인간에 대한 아르떼가 완성된다. 그렇다면 사람 구실이란 무엇을 말하며, 어떻게 해야만 사람 구실을 할 수 있을까? 소크라테스는 육체와 영혼의 이분법을 제기하면서 난관을 돌파한다.

인간은 육체와 영혼으로 이루어져 있다. 그런데 인간의 실제 행동을 결정하는 것은 영혼이다. 따라서 인간이 인간 구실을 잘하기 위해서는 그 영혼이 훌륭해야 한다. 즉 사람의 영혼이 훌륭해지고 지혜로워지면, 그 사람도 훌륭해진다는 의미이다. 물론 영혼(psyche)의 근원적 의미는 숨이나 목숨을 뜻한다. 이 숨은 사람뿐만이 아니라 동물도 지니고 있다. 그러나 사람과 동물 사이에는 큰 차이가 있다. 사람은 언어(logos)를 통해 자신의 영혼 안에 들어 있는 인간 특유의 기능을 더욱 훌륭하게 만들지만, 동물은 언어를 사용하지 못하기 때문에 스스로를 보다 훌륭하게 만들 수 없다. 이때 사람의 영혼 안에 들어 있는 인간 특유의 기능을 이성(logos)이라고 부른다. 고대 그리스에서 이성은 언어와 같은 말이었다. 왜냐하면 우리가 이성적 사유를 하기 위해서는 반드시 언어의 형태를 거쳐 사유를 진행하기 때문이다

이런 차원에서, 인간이 지니고 있는 기능인 언어를 통해 이성을 잘 가다듬는 것이 인간을 지배하는 영혼을 훌륭하게 만드는 길이다. 영혼은 인간의 육체를 지배하는 것인 만큼 인간의 영혼이 훌륭해지면 그 인간은 훌륭하다. 훌륭한 사람은 인간의 기능을 다하는 사람이요, 그 사람은 결국 자신이 지닌 이성의 중요성을 알고, 이성을 다듬기 위해 최선의 노력을 기울인다. 그런 의미에서 언어와 이성적 사유를 통해 끊임없이 훌륭해지려고 노력하는 사람이 바로 아르떼를 지닌 인간이다.

2. 플라톤의 정의

플라톤의 사상을 가장 압축적으로 담고 있는 저작은 『국가』이다. 『국가』는 플라톤이 시라쿠사에서 돌아와 아카데미아를 설립한 후 펴낸 작품으로, 그의 만년작 『법률』을 제외하면 가장 분량이 많다. 내용으로 보아도 플라톤 철학의 핵심 주제들인 영혼의 불멸성, 지식의 상기설, 인간의 정의로움, 교육과 양육의 중요성, 철인통치자의 교육, 시가(詩歌)와 체육교육 등을 두루 다룬 저작이다. 그런데 『국가』의 부제는 '정의란 무엇인가'이다. 그것은 『국가』를 관통하고 있는 핵심 주제가 바로 '정의'임을 일러 준다.

플라톤은 사실의 나열이 아닌, 독특한 비유를 통해 자신의 정의론을 펼친다. 그가 보기에 정의로움은 사람에게 통용되는 말이기도 하지만, 국가에도 통용될 수 있는 개념이었다. 그런데 국가는 개인보다 훨씬 큰 단위인 만큼, 국가의 정의로움은 개인의 정의로움보다 더 큰 규모로 드러나고, 쉽게 알아볼 수 있다. 이는 멀리 떨어져 있는 곳에서 작은 글씨를 볼 수는 없지만, 그 글씨를 보기 이전에 미리 큼직하게 쓴 글씨를 보고, 다시 멀리 있는 작은 글씨를 보면, 그것을 볼 수 있는 것과 마찬가지 이치다. 이렇게 전제한 후, 플라톤은 자신의 말을 통해 도시국가—폴리스—의 정의로움이 어떻게 유지될 수 있는지 보여주기 시작한다.

도시국가의 구성원인 개인은 각각 다른 자질(physis)을 지니고 있다. 각 구성원들은 자신의 자질과 가장 잘 부합하는 일에 전념할 때, 자신의 능력을 가장 잘 발휘할 수 있다. 즉 도시국가 내의 사람들이 자신의 자질에 맞는 일을 제 시기에 하게 되면 그 도시국가는 훌륭해질 수 있다. 이것이 바로 도시국가의 정의로움이다.

그런데 각기 다른 자질을 지니고 있는 도시국가의 시민들을 분류해 보면, 크게 생산자, 수호자, 통치자의 세 계층으로 구분할 수 있다. 생산자는 도시국가에서 필요한 물자 생산에 능한 사람들로서, 그런 분야에 뛰어난 자질이 있다. 수호자는 나라를 지키고 다스리는 데 능한 자질을 갖춘 사람들이다. 통치자는 국가를 이끌어가는 지도자로

<표 1> 플라톤의 영혼과 정의론

영혼의 속성	동(철)	은	금
영혼의 특징	욕 구	격 정	이 성
영혼의 발전	절 제	용 기	지 혜
적합한 활동	생산자	수호자	통치자

서의 자질을 갖추고 있다. 도시국가가 정의로워지기 위해서는 생산자의 자질을 갖춘 사람은 생산자의 역할을, 수호자의 자질을 갖춘 사람은 수호자의 역할을, 통치자의 자질을 가진 사람은 통치자의 역할을 담당해야 한다. 이처럼 도시국가에서 정의로움은 국가의 구성요소인 세 집단—생산자, 수호자, 통치자—이 각자의 자질에 맞는 활동을 함으로써 달성된다.

정의로움이라는 개념은 국가와 개인 모두에게 사용하는 말이라고 했다. 그렇기에 국가보다 크기는 작지만, 개인의 정의로움은 도시국가와 유사한 형태를 보인다. 인간은 육체와 영혼으로 이루어져 있다. 이때 영혼은 육체를 지배하는 실제 행위의 주체이다. 이 영혼은 욕구와 격정, 이성이라는 세 특성을 지니고 있다. 이 세 가지 특성은 도시국가 내의 구성원인 생산자, 수호자, 통치자를 구분하는 것에 비유된다. 한 인간의 영혼 속에 들어 있는 특징인 욕구, 격정, 이성은 서로 각기 다른 기능을 지니고 있다. 이 중에서 욕구와 격정은 이성의 통제를 받는다.

그리고 생산자-수호자-통치자의 기능과 역할처럼, 욕구-격정-이성이 조화롭게 유지되는 상태가 개인의 정의로움에 해당한다.

3. 동굴의 비유: 현실과 이데아

『국가』는 총 10권으로 구성된 방대한 저작이다. 여기에서 가장 인상적이고 의미 있는 부분을 꼽으라면, 서슴없이 6~7권에 등장하는 '비유(allegory)'를 들겠다. 잘 알려진 것처럼, '태양의 비유', '선분의 비유', '동굴의 비유'가 그것이다. 이 비유들은 플라톤의 철학을 상당 부분 아우르며, 핵심 개념을 담보하는 내용으로 이루어져 있다. 이 중에서도 핵심은 '동굴의 비유'로 판단된다. 동굴의 비유는 다음과 같이 구성된다.

① 커다란 동굴이 하나 있고 동굴 안쪽엔 한 무리의 사람들이 살고 있다. 이들은 태어날 때부터 다리와 목이 사슬에 묶여 있으며 동굴 안쪽 벽만을 바라볼 수 있도록 고정되어 있다. 동굴 안벽과 입구 중간에 나지막한 담이 있고 이 담 바로 뒤에 횃불이 켜져 있는데, 담과 횃불 사이를 한 무리의 사람들이 인형들을 들고 오가면서 인형극 놀이 하듯 움직이고 있다. 조금 더 나아가면 동굴 입구가 있고 동굴 밖에서는 밝은 태양이 비치고 있다.

② 어두움 속에서 생활하던 죄수 중 하나가 갑자기 사슬에서 풀려나 고개를 돌려 동굴 입구 쪽으로 시선을 향한다고 가정해 보자. 그러면 그는 불빛에 눈이 부셔 고통을 겪

게 되고, 지금까지 죄수들이 봤던 형상은 그림자일 뿐 실물이 아니라는 주장에 크게 당황할 것이다. 많은 사람들은 익숙한 이전 세계로 되돌아가게 된다. 그러나 몇몇 죄수들은 동굴 입구로 나아가며 점차 불빛에 익숙해지고, 동굴 중간에서 사람들이 들고 있던 인형들과 횃불을 보게 된다. 그 결과 자신들이 이전까지 보아왔던 것들이 그림자라는 것을 깨닫는다.

③ 이런 깨달음에 의해 추동된 일부의 수인들은 드디어 동굴 밖으로 나오게 된다. 그러나 나오자마자 동굴 밖의 실물들을 바로 볼 수 있는 것은 아니다. 동굴 밖의 빛은 너무나 강렬해서 어느 정도 시간이 지나야만 시야를 회복할 수 있다. 시야를 회복한 이들은 마침내 자연에 비치는 모든 사물들을 '그림자→물 위에 비친 실물들의 영상들→실물들→태양'의 순서로 보게 된다. 마지막으로 태양을 본 사람들은 태양이 가시계의 모든 것을 주재하며 동굴 속에 들어 있는 것들의 원인까지도 된다는 것을 깨닫는다.

④ 이처럼 정신적으로도 해방된 사람들은 동굴 속에 살고 있는 동료들을 해방시키기 위해 다시 동굴로 들어간다. 그러나 태양을 보지 못한 동굴 속 죄수들은 자신의 옛 동료들을 환영하지 않으며 동굴 밖의 세계로 나아가야 한다고 주장하는 이들에게 저항하며, 급기야는 옛 동료들을 죽이기까지 하게 된다.

이러한 동굴의 비유를 통해 플라톤은 무엇을 말하려고 했을까? 우리는 이 비유를 통해 무엇을 간파할 수 있을까?

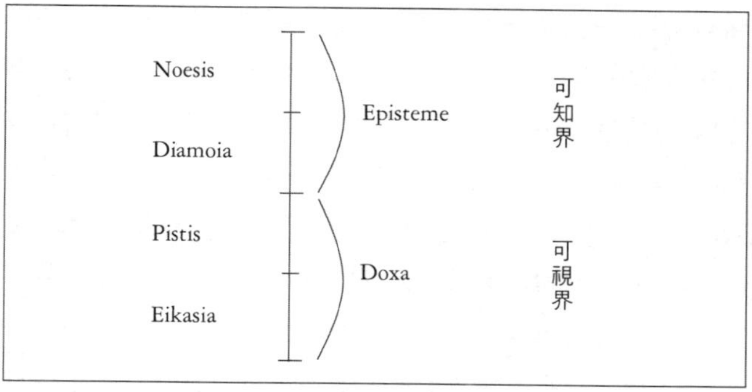

<그림 1> 선분의 비유

동굴의 비유는 아주 함축적이다. 포괄적으로 보면, 플라톤은 동굴 안의 세계와 동굴 밖의 세계를 대조시킨다. 현상(appearance) 세계와 실재(reality) 세계를 구분하는 작업. 다시 말하면, 세계는 우리가 눈으로 볼 수 있다. 그것은 쉽게 변화하는 현실 세계와 이상적이고 변하지 않는 세계, 즉 이데아의 세계로 구분된다. 이것이 바로 서양철학사에서 가장 중요한 이분법(二分法)의 근원이다.

플라톤은 동굴의 비유에서 인식의 단계에 대해서도 논의한다. 이는 동굴의 비유 이전에 등장하는 선분의 비유에서도 설명된 부분이다. 플라톤에 따르면, 인식은 하나의 선분을 네 부분으로 분할하듯, 최초에는 두 단계, 나중에는 구분된 선분을 다시 이등분하여, 총 네 단계로 구분된다. 그것은 동굴의 비유에서도 마찬가지로 적용된다. 크게 보면 동굴 안과 밖으로 구분된다. 동굴 안, 어두컴컴한 상태의 앎은 속견(doxa)의 단계이고, 동굴 밖, 빛이 가득한 세계에서의 앎은 인식(episteme)의 단계이다. 동굴 안-속견의 단계는 다시 동굴 안의 벽에 비친 그림자를 보는 상태(eikasia)와 인형을 발견하는 단계(pistis)로 대별할 수 있다. 동굴 밖-인식의 단계는 실물의 그림자를 보는 것(dianoia)과 실물을 직시하는 단계(noesis)로 나눌 수 있다.

이러한 동굴의 비유는 우리들 인간에게 무엇을 지시하는가? 그것은 배우는 사람의 사명과 연관된다. 즉 철학자의 사명과 현실세계에서 그가 지녀야 할 자세에 대한 것. 철학자(philosopher)는 철학적 지혜, 정신적 해방을 이룬 사람이다. 깨달은 사람이나 도통한 사람에 비유할 수도 있다. 문제는 그들의 역할이다. 그것은 인간의 삶에서 매우 주요한 작업이다.

동굴의 비유 ④에서 태양을 본 죄수들은 다시 동굴로 돌아가 동료들을 데려오려고 한다. 철학자도 그러해야 한다. 이것이 플라톤의 염원이었다. 철학자는 자신이 무지한지 아닌지에 대해서조차 알지 못하는 옛 동료들, 즉 도시국가 내의 시민들을 정신적으로 해방시킬 의무가 있다. 그것이 계몽이 되었건, 무지로부터의 자각이 되었건, 교화나 인도가 되었건, 철학자는 인류에 대한 연대성을 느끼고 박애를 베풀어야 한다. 이는 교육받은 사람, 선각자들에게 주어진 지상명령이다. 플라톤에게서 그 실천의 주체는 다름 아닌 철인통치자이다.

Ⅲ. 교육 사상의 단초들

앞에서 언급했던, 아르떼와 동굴의 비유는 어떤 방식으로 실천되었을까? 우리는 어떻게 실천할 수 있을까? 철학이나 사상이 실천력을 잃는다면 관념의 유희로 전락하기 쉽다. 그러나 소크라테스와 플라톤은 관념의 나열이나 저장으로 자신의 사유를 박제하지 않았다. 그들은 실제로 자신의 사유를 실천한 교육자였다. "덕은 지식이다", 그리고 동굴의 비유에서 알 수 있듯이 플라톤은 교육을 통해 자신의 이론을 실천하고자 했다.

1. 논박술

흔히 소크라테스의 대화법을 논박술(elenchus)이라고 일컫는다. 논박술은 소크라테스의 대화법이자, 소크라테스가 사용한 교육방법이다. 논박이란 지식으로 인정하기 어려운 개인적 판단이나 의견(doxa)을 깨트리기 위해 사용되는 일종의 정화작업 혹은 제거작업이다. 플라톤의 초기 대화편은 주로 소크라테스의 대화 상대자들이 화두를 던지면서 시작된다. 그 화두는 일반적으로 'X는 무엇인가?'와 같은 질문이다. 『에우티프론』에서는 '경건함이란 무엇인가?'라고 물었고, 『라케스』에서는 '용기란 무엇인가?'라고 물음을 던진다.

소크라테스는 대화 상대자가 'X'에 대해 정의를 내리

면 그 정의가 대화 상대자의 다른 진술이나 신념 등과 모순되는지를 검토한다. 대부분의 경우, 대화 상대자들은 소크라테스와의 대화를 통해, 자신이 지식이라 믿고 있었던 것이 지식이 아님을 발견하게 된다. 그리고는 벽에 부딪힌다. 이 상황이 다름 아닌 난관(aporia)이다.

앞서 '덕은 지식이다'라는 경구에서 확인했듯이, 어떤 사람이 훌륭함에 도달하기 위해서는 그 자신이 지니고 있는 기능과 그 기능을 잘 활용하는 방법에 대해 알아야 한다. 그러나 이에 선행되어야 할 작업이 있다. 농사를 지을 때, 곡식의 씨앗을 뿌리기 이전에 밭을 갈아야 하듯, 기존에 한 사람이 알고 있던 잘못된 지식을 모두 제거해야만 자기 자신에 대해서 더 잘 알 수 있는 법이다.

소크라테스의 논박은, 바로 자기 자신을 제대로 파악하기 전에 정지작업의 역할을 한다. 논박술은 한 사람이 어떤 지식을 습득하기 전, 그가 지니고 있는 편견을 모두 깨트리는 과정이다. 감각적 지각에서 얻은 주관적 의견(doxa)이나, 그로 인해 생기는 혼란스런 생각(aporia)을 반성하여 근본적으로 파기한다. 그리고 이성을 통해 참된 보편적 인식(episteme)에 도달하게 된다. 논박술은 이러한 과정의 기초 작업에 해당한다. 따라서 그것은 진정한 교육이 시작되는 첫 번째 관문이다.

2. 시가교육과 정의로운 개인

플라톤은 『국가』에서 정의로운 수호자와 시민의 덕목

을 언급했다. 모든 개인은 개인의 영혼이 조화를 이루어야 하고, 또 그 개인은 도시국가 내의 한 구성원으로서 국가의 정의에 기여해야 한다. 그 구체적 예로 플라톤은 정의로운 수호자와 시민을 기르기 위한 실천 방안을 제시한다. 그것이 유명한 『국가』 3권의 시가(詩歌: mousike)교육이다. 시가는 현대적 의미에서 단순히 노래를 부르거나 하나의 악기를 연주하는 음악의 범위를 넘어서 있다. 그것은 '정의로운 인간' 교육을 위한 기초교육의 성격을 지닌다.

플라톤은 교육의 대상으로 어린이를 꼽는다. 어린아이들의 뇌는 말랑말랑하고 흡수력이 빠르다. 때문에 어렸을 때 적절한 내용을 배치하여 교육하는 것이 효과 측면에서 훨씬 뛰어나다. 그는 아이들의 교육을 시가와 체육교육으로 구분하여 논의한다. 시가교육은 아이들의 영혼을 다루는 것이고, 체육교육은 아이들의 몸을 다룬다. 이때 신체는 영혼을 담는 그릇으로서 제 역할을 다할 수 있어야 한다. 그것이 목적이다. 앞에서도 강조하였지만, 인간은 영혼과 육체로 구성되어 있으며 실제 인간을 움직이는 것은 영혼이다. 그것은 플라톤이 시가에 비중을 두고 교육을 논의한다는 말과도 상통한다.

시가는 아이들의 영혼을 다루는 만큼, 시가에 포함되는 모든 내용은 신중하게 고려해야 한다. 당시 아이들의 주요 교육내용 및 방법은 호메로스와 같은 작가들이 쓴 이야기를 암송하는 것이었다. 실제로 당시 작가들이 쓴 이야기에는 아이들의 정서에 좋지 않은 영향을 주는 신들의 부조리, 폭력, 간교 등이 종종 나타났다. 문제는 정의로운 아이를 기르기 위해 이러한 내용들이 배제되어야 한다는 것이었다. 플라톤은 더 나아가 아이들은 질박하고 죽음을 두려워하지 않는 건전한 군인으로 자라나야 한다고 강조하였다. 이를 위해서는 가사뿐 아니라, 시가를 연주할 때 사용되는 선율과 악기까지도 아이들의 정서를 고려해야 한다는 것이다.

이와 같은 과정을 통해 자라난 아이들은 장차 도시국가가 위기에 처했을 때, 군인으로 출전하여 자신에게 주어진 의무를 성실히 이행하는 인간이 된다. 플라톤은 교육을 받은 이들이 각자 자신의 일을 성실히 수행하고, 다른 사람의 일에는 큰 관심을 가지지 않아도 되는 정의로운 인간으로 성장하게 된다고 주장하였다.

3. 동굴의 비유와 교육

동굴 안과 동굴 밖! 그 상대적 세계는 교육적으로 어떻게 이해할 수 있는가? 동굴의 비유는 교육에 비추어 볼 때, '영혼의 전향'이라고 이름 붙일 수 있다. 캄캄한 어둠의 세계에서 밝은 빛의 세계로, 껍데기에서 알맹이로, 허상에서 진실의 세계로 전향하는 모습은 교육의 기초가 되기에 충분하다.

플라톤에 의하면, 교육은 단순히 지식을 전달하거나 주입하는 일이 아니다. 영혼을 전향하는 기술이다. 동굴 벽면에 비치는 인형의 그림자에 고정된 시선을 빛의 세계로

향하게 하기 위해서는, 묶여 있는 죄수들이 결박을 풀고 몸 전체를 돌려야 한다. 마찬가지로 영혼의 눈을 억견(Doxa)의 세계로부터 진리(Episteme)의 세계로 돌리기 위해서는 몸을 완전히 돌려야 하듯이, 영혼도 철저하게 정반대로 돌려야 한다.

앞에서 언급한 바와 같이, 영혼을 완전히 바꾸는 이러한 과정은 논박술을 통해 이루어진다. 사다리를 타고 지그재그로 올라가듯이, 이러한 과정은 일종의 상승작용을 거친다. 탄광의 갱도 안에 있는 사람이 갱도 바깥을 나오기 위해서는 화차를 타고 상승해야 하는 것과 같은 이치이다. 그 상승과정은 진리로 묘사되는 빛에 도달할 때 종결된다. 이러한 철학의 상승을 변증술(Dialektike)이라고도 한다. 그것은 단어들과 개념들의 도움을 통해서 생겨나고, 우리들을 인식의 최종 목적지인 진리로 이끈다.

논박과 대화는 철학적 교육의 두 가지 핵심 단계이다. 이런 교육의 실천에서 교사의 역할은 학습자를 무지의 무지 상태로부터 일깨운 다음, 진리 추구의 동반자 역할을 하는 것이다. 플라톤에 의하면, 적극적이고 능동적인 역할을 하는 것은 교육자라기보다는 오히려 학습자이다. 진정한 교육은 자기학습이므로, 교육과정에서 학습자의 주체적인 노력은 절대적이다.

Ⅳ. 교육적 의의

서구 교육 사상의 비조, 소크라테스와 플라톤! 그들이 서구교육에 끼친 영향은 지대하다. 서양철학사는 플라톤의 주석에 불과하다는 화이트헤드의 지적처럼, 서구교육 사상사는 플라톤 교육론의 재활용이자 재해석이다. 그 논의의 핵심을 간추려 보자.

첫째, 교육의 본질 문제이다. 소크라테스는 자신의 교육실천이 입신양명이나 지식의 축적이 아닌 진정한 진리의 추구에 있음을 보여주었다. 그리고 논박술을 통해 우리가 알고 있는 지식이 실제로는 편견이나 헛된 신념일 수 있다고 지적했다. 사람들은 논박을 경험하며 자신의 편견을 배제하고 진정한 진리를 추구할 발판을 마련했다. 이런 교육을 경험한 플라톤은 변증술을 사용하여, 단어와 개념을 명확히 하고 진정한 지식의 태양을 볼 수 있는 가능성을 열었다. 맨눈으로는 작렬하는 태양을 볼 수 없듯이, 진리를 터득하는 과정은 결코 쉽지 않다. 그러나 인간을 인간답게 만드는 기능인 언어와 이성의 능력을 통해, 우리는 진리라는 태양을 추구할 수 있다.

둘째, 교육의 목표 문제이다. 아르떼를 떠올린다면, 그것은 개성(physis)의 발현에 초점이 모아진다. 플라톤은 개인이 자신의 자질에 따라 교육받을 때, 가장 훌륭하고 행복한 삶을 살 수 있다고 하였다. 자질에 따라 교육을 받으면 안으로는 자신이 지니고 있는 영혼의 특성과 조화되어 행복한 삶을 살 수 있고, 밖으로는 도시국가—폴리스—라는 공동체에서 자신의 역량을 최대한 발휘하여 공동체의 일원으로 존중받으며, 그 공동체를 발전시키는 데 기여할 수 있다. 그것은 현대적 의미에서 개인과 공동체를 골고루 발전시키는 동시에, 개인이 지닌 특성에 맞는 교육과 통한다. 이른바 개인교육과 공동체 교육의 조화! 교육의 정의를 달성할 수 있다.

셋째, 도덕·윤리 교육의 강조이다. 플라톤은 『법률』에서 "한 국가가 멸망하는 원인은 국민들의 비겁함이나 전쟁 경험의 미숙함에 있는 것이 아니라, 모든 방면에 널리 퍼져 있는 윤리적 퇴폐에 있는 것"이라고 주장하였다. 그것은 그가 도덕교육에 지대한 관심을 가지고 있었음을 보여준다. 소크라테스가 인간의 덕(arete)에 대해 강조하고 플라톤이 『국가』를 통해 이상사회를 구현하려 했던 것은, 그리스 사회의 정황으로 볼 때, 페리클레스 황금기가 지난 아테네의 몰락과 이에 따른 도덕·윤리적 타락에서 기인했으리라.

더 읽을거리

Plato. 강철웅 역주(2007). 『뤼시스』. 서울: 이제이북스.
Plato. 김인곤·이기백 역주(2007). 『크라튈로스』. 서울: 이제이북스.

Plato. 김주일 역주(2008). 『에우튀데모스』. 서울: 이제이북스.

Plato. 김주일·정준영 역주(2007). 『알키비아데스』. 서울: 이제이북스.

Plato. 박종현 역주(2003). 『플라톤의 네 대화편: 에우티프론, 소크라테스의 변론, 크리톤, 파이돈』. 서울: 서광사.

Plato. 박종현 역주(2004). 『필레보스』. 서울: 서광사.

Plato. 박종현 역주(2005). 『국가·政體』. 서울: 서광사.

Plato. 박종현·김영균 역주(2000). 『티마이오스』. 서울: 서광사.

Plato. 박희영 역주(2003). 『향연: 사랑에 대하여』. 서울: 문학과지성사.

Plato. 이정호 역주(2007). 『크리티아스』. 서울: 이제이북스.

Plato. 이정호 역주(2008). 『메넥세노스』. 서울: 이제이북스.

Plato. 조대호 역주(2008). 『파이드로스』. 서울: 문예출판사.

제 2 장 아리스토텔레스

기원전 384~기원전 322

인간의 선은
탁월성을 수단으로
완전한 삶을 이루려고 하는
영혼의 활동이다.
—『니코마코스 윤리학』에서

Ⅰ. 생 애

아리스토텔레스는 아테네 북쪽에 있는 마케도니아의 스타기라라는 외딴 마을에서 태어났다. 아버지는 마케도니아의 왕이며 알렉산드로스의 할아버지인 아민타스 2세의 친구이자 주치의였다. 아리스토텔레스는 17세에 플라톤의 아카데미아에 입학했다. 그리고 20년을 플라톤과 함께 공부했다. 철학의 정원, 아카데미아! 아리스토텔레스가 그곳에서 공부하던 20여 년은 그리스 최고의 두 지성이 행복한 대화를 나누었던 시기였을 것 같다.

그러나 그런 것만은 아니었다. 플라톤은 너무나 자신감에 젖어 있던 아리스토텔레스에게 "버릇없는 놈"이라고 소리를 질렀다고 한다. 그러자 아리스토텔레스는 "내게 스승 플라톤은 소중하다. 하지만 진리는 훨씬 더 소중하다"는 말을 했다고도 전해진다. 플라톤 사망 후, 아리스토텔레스는 아카데미아의 원장이 되길 원했다. 그러나 플라톤의 조카인 스페우시포스에게 원장 자리가 돌아가자, 이에 실망하여 12년간 여행을 하면서 생물학 연구에 전념하게 된다.

아리스토텔레스는 자신의 제자였던 마케도니아의 왕자 알렉산드로스가 왕—우리에게 알렉산더 대왕으로 알려져 있음—이 되자 기원전 355년 아테네로 돌아와 뤼케이온 광장에 자신의 학원을 세웠다. 그러나 알렉산드로스가 기원전 323년에 사망하자 아테네에서는 반마케도니아 봉기가 일어났고, 마케도니아와 가까웠던 그는 독신(瀆神)이라는 조작된 혐의로 기소된다. 그는 재판이 시작되기 전, 다시 아테네를 떠나 망명길에 올랐으나 1년 후 운명을 달리했다.

Ⅱ. 기본 사상: 사원인설과 부동의 원동자

논리학(logic)의 창시자라고 볼 수 있는 아리스토텔레스의 글은 놀라울 만큼 현대적이다. 그의 글은 먼저 논제를 정하고 자신이 대답하려는 대상을 정확하게 보여준다. 그리고 이전의 대답들에 대해 이의를 제기하거나 모호한 점들을 구분해 낸다. 이어 해결되어야 할 점들이 무엇인지를 밝히고, 마지막으로 자신이 생각하는 한계를 밝힌다. 그는 특정한 사물이나 구체적인 아름다움으로부터 떨어져 나온 비물질적인 플라톤의 이데아에 대해 "이론적으로, 빈둥거리며 이야기하고 있는 것"이라고 질타한다. 그리고 '사원인설(四原因說)'을 통해 이전의 철학자들에게서 불만스러웠던 부분을 세련되게 다듬었다.

집을 예로 들어 보자. 집은 무엇으로 만들어졌는가? 집의 형상, 즉 구조는 어떠한가? 집은 어떤 목적으로 사용되

<표 2> 아리스토텔레스의 사원인설

4원인	성 격	집의 경우
질료인	그것은 무엇으로 만들어졌는가?	벽돌, 나무, 돌
형상인	그 형상, 즉 구조는 어떠한가?	설계, 배열
목적인	어떤 목적을 위해 사용되는가?	안식처 제공
운동인	무엇이 그것을 존재하거나 변화하도록 만들었는가?	건설업자

는가? 무엇이 집을 존재하거나 변화하도록 만드는가? 이 네 가지 물음이 바로 질료인, 형상인, 목적인, 운동인의 4원인설의 골자이다. 다시 말하면, 집을 지을 때 필요한 벽돌이나 나무, 돌 따위는 '질료인'이다. 집의 전체적인 설계를 위해 이 질료들을 배열하는 것은 '형상인'이다. 또 집이 사람들에게 안식처를 제공하는 것은 '목적인'이다. 그리고 집을 짓는 건설업자는 '운동인(또는 작용인)'에 해당한다.

세계를 이해하고자 하는 아리스토텔레스 사유는 자연스럽게 운동, 시간, 변화, 부동(不動)의 원동자(原動者)와 같은 추상적 개념으로 확장되었다. 그는 『형이상학(*Metaphysics*)』을 비롯한 여러 저작에서 이 문제들을 다룬다.

예를 들면, 변화는 언제나 변화하는 존재, 변화가 향하는 상태, 변화가 시작되는 상태를 포함해야 한다. 물 한 그릇이 변화한다고 해 보자. 우선 물이 있어야 한다. 그리고 물은 얼음으로 변화한다. 그 시작점은 물이다. 이런 논의는 변화가 언제나 어떤 안정성을 포함해야 함을 뜻한다. 한 그릇의 물은 그 온도가 변한다고 해도 여전히 한 그릇의 물이어야 하는 것. 이는 변화가 안정성의 개념뿐만 아니라 잠재성(the potential)이라는 개념도 동시에 포함하고 있음을 알게 해 준다. 모든 변화는 어디에서 어디로 변화하는가를 잡아주는 한계(limits)가 존재한다. 변화는 잠재태로부터 현실태로의 이행이며 분명히 비존재로부터 존재로의(혹은 존재로부터 비존재로의) 이동이다.

그렇기 때문에 아리스토텔레스는 연속적 성격을 지닌 정도(degree)가 아니라, 뜨거움 / 차가움, 위 / 아래와 같이 불연속적 성격을 지닌 대립적인 것들을 사유의 단위로 삼는다. 모든 것이 절대적으로 가지고 있는 무엇, 그것이 바로 '존재'이다. '그것은 이러이러하다' 혹은 단순히 '있다'고 말할 수 있게 해 준다. 즉 다른 모든 요소들이 그것에 의존해야만 하는 근본적인 유형의 존재가 있는가, 그 여부가 중요하다. 예컨대, 어떤 것이 '크다,' '파랗다,' '아름답다'라고 할 때, 그 '크다,' '파랗다,' '아름답다'는 그러한 특성들을 지니고 있는 실체가 존재할 때에만 '존재한다'고 볼 수 있다. 철수의 작은 키와 같은 속성은 철수라는 실체의 부대물인 것이다. 이러한 인식을 토대로 종(種)과 유(類)에 따른 생물의 구별법, 즉 종차(種差)라는 개념이 등장하게 된다.

아리스토텔레스는 철저한 관찰주의자였다. 그는 자연을 변형 · 왜곡하는 일은 자연을 속이는 것이라고 생각하였다. 특히 하늘을 관찰하면서, 별들의 운동에는 끊임없는 순환만이 존재한다는 사실에 깊은 인상을 받았다. 천체는 그 자체로는 움직이지 않아야 하는데, 그렇지 않다면 우리는 그것을 움직이게 하는 무엇을 끝없이 찾아야만 하는 무한소급의 난제에 빠지게 된다. 그래서 천체를 움직이게 하는 존재는 그 자신은 움직이지 않는 부동의 원동자다.

예컨대, 사자는 배가 고프면 얼룩말을 잡아먹기 '위해' 달려간다. 이때 얼룩말은 사자가 움직이는 원인, 다시 말해 목적인이 된다(얼룩말이 사자를 탄생시킨 작용인은 아니다). 즉 욕망의 대상(얼룩말)은 부동의 원동자가 되며, 이는 무엇이 천체를 영속적으로 운동하게 하는지를 명료하게 설명해 준다. 따라서 부동의 원동자는 영속적이며 물리적인 크기나 모양은 없다.

그는 논리학에 대해 말하기를, 지혜를 추구하는 사람은 "연역적 원리들 또한 추구해야 한다"고 주장했다. 이에 따라 '모든 A는 B이다, 어떤 A도 B가 아니다, 어떤 A는 B이다, 어떤 A는 B가 아니다'와 같은 일반논리학의 명제들과 삼단논법을 발명하였는데 이는 19세기까지도 유효한 것이었다.

Ⅲ. 교육 사상: 덕과 교육

아리스토텔레스는 『정치학(*Politica*)』에서 교육에 관한 그의 생각을 피력한다. 교육은 국가가 장악해야 한다는 것. 아리스토텔레스는 말한다. "헌법을 영속시키기 위해 가장 중요한 것은 교육을 정치 형태에 적응시키는 작업이다. 시민은 그들을 통치하는 정치 형태에 따라 도야되어야 한다."

교육에 대한 국가 통제는 다음과 같은 그의 생각에서 비롯된 것이다. "인간은 완성되면 가장 착한 동물이 된다. 하지만 고립되면 가장 악한 동물이 된다. 부정적인 것은 무장할수록 더욱 위험해진다. 그런데 인간은 태어나면서부터 가장 악한 목적에 사용할 수도 있는 지성과 성격상의 여러 특성으로 무장하고 있다! 때문에 인간이 덕을 갖지 않으면, 동물 중에서 가장 무섭고 야만적이며 탐욕으로 가득 차게 된다." 문제는 덕을 갖는 방법이다. 인간이 덕을 갖추는 일은 사회적 통제에 의해서만 가능하다. 인간은 언어에 의해 사회를, 사회에 의해 지성을, 지성에 의해 질서를, 질서에 의해 문화를 발전시켰다. 이처럼 질서 있는 국가에서, 개인은 고립된 상태에서는 도저히 가질 수 없는 무수한 기회와 수단을 향유하게 된다. 그것은 교육의 효과이다.

이런 인식에 토대를 두기 때문에, 학교는 국가에 의해 관리되어야 한다. 그래야만 사람들을 공업이나 상업으로부터 농업으로 전환하게 할 수도 있고, 사유재산을 유지하면서도 각자의 재산을 분수에 맞게 공공의 용도에 사용하도록 훈련할 수도 있다. 때문에 성장기의 시민에게는 법을 준수하도록 가르쳐야 한다. 시민 교육이 제대로 되지 않았을 경우, 국가의 존속을 보장하기 어렵다. 국가가 학교를 관리하려는 이유는 또 있다. 다양한 종족이 어울려 사는 사회에서 통일을 이루려면, 교육이 절대적으로 요구된다. 즉 다양한 요소로 구성되어 있는 국가는 교육에 의해 통일성을 확보하고, 공동체를 만들어야 하기 때문이다.

특히 청년들에게는 다음과 같은 내용을 가르쳐야 한다. "그대들은 국가로부터 큰 혜택을 받고 있다. 동시에 사회조직에 의해 헤아리기 어려운 안전이 보장된다. 법이 준수되고 있으므로 그대들의 자유가 가능하다!"

아리스토텔레스는 이러한 정치에 복종하는 교육 이전에, 윤리의 문제를 언급한다. 특히 '선(善)'에 관한 질문을 통해 온전한 사회를 꿈꾼다. "인생의 목표는 무엇이며, 무엇이 그것을 완전케 하는가?" 그는 "한 사람의 피리 연주자나 조각가처럼, 일반적으로 어떤 기능 또는 활동을 가지고 있는 모든 사물들에게서처럼 선이란 바로 그 기능에 있다"고 생각한다. 이런 선함을 만들어내는 것은 정치이다. 따라서 정치에 관한 학문, 정치학은 최상위 기예(master art)이다. 교육은 이런 정치학을 위해 존재한다.

Ⅳ. 교육적 의의

플라톤이 지상의 것들을 염세적으로 보았다면, 아리스

토텔레스는 지상의 세계를 초월하되 그 기반은 지상으로부터 시작하는 형상(形相, eidos)이어야 한다고 생각했다. 생물학에 심취한 그가 보기에 세상의 모든 것들은 맹목적인 것이 아니라 언제나 일정한 목적을 가진 것이었다. 이러한 생각은 철저한 관찰을 통해 얻은 것이다. 제자들과 함께 작업한 540여 종에 이르는 동물의 생리뿐만 아니라 150여 개의 정치조직, 미개한 관습과 신념들, 꼼꼼한 연대기, 철학사 및 연극 공연에 관한 기록들이 그 바탕이 되었다.

아리스토텔레스가 제시한 잠재태(potential), 동역학(dynamics), 에너지(energy), 실체(substance), 성질(quality), 본질(essence), 범주(category) 등은 21세기에도 여전히 유효한 개념들이다. 뿐만 아니라, 윤리학, 정치학, 수사학, 시학, 법제사, 신학, 동물학, 기상학, 천문학, 물리학, 화학, 과학적 방법론, 해부학, 수학기초론, 언어학, 형식논리학, 추론기법, 오류론 등과 같은 학문 이름들 자체가 그에 의해 만들어진 것이다.

엄밀하게 말하면, 아리스토텔레스는 교육 자체에 관해 밀도 있게 논의한 것은 아니다. 어쩌면 그는 정치학이라는 최상위의 학을 향해 모든 학문을 종합하려고 했던 것 같다. 그의 언표처럼, 교육받은 사람, 다시 말해 학문하는 사람은 주체의 본성이 허락하는 한, 사물들의 각 부류에서 정확성을 추구한다. 이처럼 그는 자신이 남겨놓은 유산 자체만으로도 교육과 학문의 역할을 가르쳐 주고 있다.

더 읽을거리

Aristotle. 김진성 역(2007). 『형이상학』. 서울: 이제이북스.

Aristotle. 이창우 · 김재홍 · 강상진 역(2008). 『니코마코스 윤리학』. 서울: 이제이북스.

Aristotle. 천병희 역(2002). 『아리스토텔레스의 시학』. 서울: 문예출판사.

Aristotle. 김재홍 역(2007). 『소피스트적 논박』. 파주: 한길사.

Aristotle. 이종오 역(2007). 『수사학』. 서울: 리젬.

Aristotle. 이병길 역(2006). 『정치학』. 서울: 박영사.

Aristotle. 김재홍 역(2008). 『변증론』. 서울: 길.

제 3 장 코메니우스

Johann Amos Comenius, 1592~1670

하나의 인간을 만들어내려면
교육에 의해서
형성하는 것이 필요하다.
—『대교수학』에서

Ⅰ. 생 애

코메니우스는 1592년 남(南) 모라비아의 한 마을에서 보헤미안 형제단(Unitas fratrum)에 소속된 한 소(小)상인의 아들로 태어났다. 그의 부모는 그가 어린 시절에 세상을 떠났다. 그는 후견인의 도움으로 16살에 형제단이 운영하는 라틴어 학교에 입학할 수 있었다.

코메니우스는 목사직을 준비하기 위하여 1612년에 독일의 헤르본 대학에 진학하였다. 그는 이곳에서 알스테드(J. H. Alsted) 교수를 만나게 되었는데, 그에게서 백과사전적 지식의 탐구에 대해 많은 영향을 받았다. 이후 그는 하이델베르크 대학으로 진학하고, 그곳에서 사분오열된 개신교 교단들을 중재하던 파레우스(D. Pareus) 교수의 영향을 받아 교회일치운동을 전개하였다. 그리고 2년 동안 풀넥(Fulnek) 지방의 목사로 재직하였다.

30년 전쟁의 발발로 신교도들에 대한 박해가 시작되자, 코메니우스는 형제단과 함께 폴란드 지방의 리사(Lissa)로 망명하여 많은 책을 저술하였다. 이 시기 특히 후대에 잘 알려진 『대교수학(*Didactica Magna*)』이 저술되었다. 1632년에 그는 형제단의 감독으로 선출되어 유럽 각지에 흩어져 있던 이 단체에 큰 영향력을 미치게 되었다.

코메니우스는 이 시기에 자신의 교육철학을 정립하고 있었는데, 그것이 바로 범지학(凡智學: pansophia)이라고 명명되는 것이었다. 영국의 하트립(S. Hartlib)을 비롯한 코메니우스 지지자들은 이에 대한 흥미를 가지고 그를 영국으로 초대하였다. 코메니우스 자신도 처음에는 영국이 범지학을 실현시킬 수 있는 최적지라고 생각하였다. 이 계획은 영국의회의 지지까지 받게 되어 순조롭게 출발했으나, 영국 혁명의 발발로 무산되고 말았다. 그렇지만 그의 범지학은 영국의 지식인들에게 많은 영향을 미치게 되었다. 이후 그는 신교국가인 스웨덴으로 가서 학교에서 사용될 교재 개발에 착수하였다.

베스트팔렌 조약(1648)은 제국 내에서 형제단의 활동을 용인하지 않았다. 코메니우스는 1648년 헝가리의 사로스파탁(Sarospatak)으로 가서 학교를 개혁하는 일에 착수했

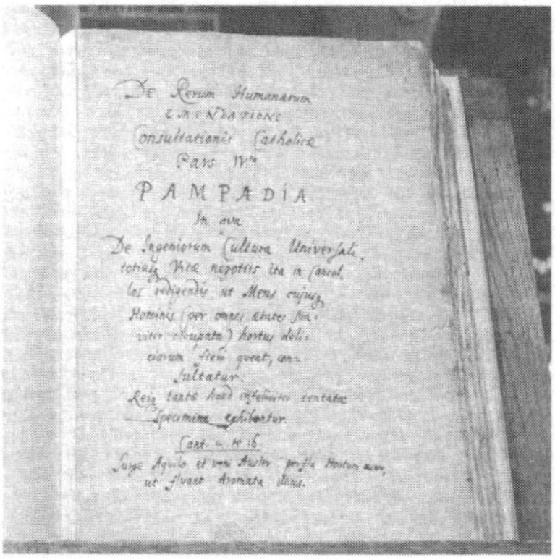

<그림 2> 코메니우스 Pampadia 표지사진

다. 이 시기 그의 중요한 저작인 『세계도해(*Orbis Pictus*)』가 출판되었다. 이 책의 성공으로 코메니우스는 다시 국제적인 명성을 얻게 되었다.

1654년 코메니우스는 리사로 돌아온다. 그러나 스웨덴과 폴란드의 분쟁으로 그 도시는 철저하게 파괴되었고, 자신의 서재뿐만 아니라 40년간 집필했던 원고의 대부분도 소실되었다. 낙심한 그는 암스테르담으로 건너가 저술활동을 계속하면서 여생을 보냈다. 1657년 『범교육학(*Pampadia*)』이 포함된 그의 『교육학 총저작집(*Opera Omnia Didactica*)』이 출판되었다.

Ⅱ. 기본 사상: 사물 그 자체와 범지학

17세기에 접어들면서 프란시스 베이컨을 비롯한 과학정신이 사회적으로 광범위한 영향을 미치기 시작하였다. 이에 사물에 대한 관찰과 연구를 수행하는 과학적 방법론이 대두하였다. 코메니우스 역시 베이컨의 영향을 많이 받았으며, 특히 그의 『대개혁(*Instauratio Magna*)』에 매료되었다.

당시 유행하던 고전어 교육은 언어에만 치중하는 키케로주의로 전락한 상태였다. 코메니우스는 이러한 교육에 반대하여 자연과 사물 그 자체에 대한 지식이 중요하다고 주장했다. 그리하여 인문주의자들과는 달리 "언어 이전에 사물"이라는 실재적 측면을 표방하였다. 그에게 자연은 새로운 지식의 원천이었다. 자연은 성경, 인간의 정신과 함께 신이 인간에게 베푼, 그리고 신의 지혜가 숨겨져 있는 일종의 텍스트이다. 때문에 인간은 자연을 탐구하면서 신의 지혜에 더 가까이 접근할 수 있게 된다.

코메니우스는 기본적으로 감각에 의한 지식을 신뢰하였다. 그는 말한다. "무엇이든지 나의 시각, 청각, 후각, 미각, 촉각 등, 기관에 인상이 박히는 것은 사물의 형상을 나의 머리에 박히게 하는 도장에 해당한다", 또는 "눈앞에 어떤 것을 제시하면, 어떤 모양, 어떤 색이든 관계없이 즉시 유사한 형상을 자기 속에 비추어낸다. 바꿔 말하면, 우리가 어둠 속에 있거나, 등을 돌리거나, 적당한 거리를 벗어나서 너무 멀리 있게 되거나, 날인을 방해하거나, 움직여서 혼란케하지 않는 한 그렇다는 것이다." 그러나 다른 한편으로는 "사물 세계의 피상적인 지식만으로는 충분하지 않다. 오히려 인간은 내면적인 근거들을 바라보는 통찰로 인도되어야 한다"고도 주장하였다. 즉 감각적 지식을 배제하지는 않지만, 그보다 중요한 것은 사물의 근원과 목표를 아는 것이었다. 코메니우스의 자연학(physica)은 이성적 지식을 포함하지만, 그것을 넘어 윤리적·종교적 지혜의 획득으로 나아가는 것이 목표였다.

또한 코메니우스에게 자연은 아담과 하와의 타락 이전, 최초의 원형상태를 의미하기도 한다. 거기에는 끊임없는 신의 섭리가 작용하고 있다. 자연의 모든 성장과 발달은 자연적인 질서와 순서에 맞게 실행되게 되어 있다. 이는 인간의 발달이나 교육에 있어서도 마찬가지이다. 인간에게는 신이 그 마음에 심어 둔 세 가지 씨앗, 즉 지혜, 경건, 덕성이 들어 있다. 교육은 이것을 잘 길러서 완전하게 발달하게 하는 일이다. 궁극적으로는 신의 형상을 닮는 것, 신에게로 돌아가도록 하는 작업이다. 이렇듯 코메니우스는 인간을 원죄로 타락한 존재가 아니라 신의 형상을 모사한, 그렇기 때문에 신에게로 복귀할 수 있는 존재로 상정하였다. 이는 '기도'와 '교육'과 '행함'으로 이루어진다.

당시는 과학적 정신의 발달로 새로운 지식이 폭발적으로 증가하는 시기였다. 특히, 인쇄술의 발달은 이러한 지식들을 끊임없이 확산시켜 나갔다. 이때 등장한 일군의 백과전서주의자(encyclopaedist)들은 이러한 지식들을 기존의 지식과 통합하여 재구성하려고 하였다. 코메니우스도 이들의 영향을 강하게 받기는 하였으나, 다른 한편으로는 그들을 단지 지식을 나무토막과 같이 쌓아 놓기만 할 뿐이라고 비판하였다. 그리하여 그는 보편적인 원리에 의하여 그러한 지식들을 전체적으로 통일하려 했는데, 이것이 바로 범지학이다.

범지학은 "모든 사람에게, 모든 것을, 모든 방법으로(Omnes, Omnia, Omnino)"라는 말로 요약된다. 코메니우스에 의하면 범지학의 "pan-"은 전체(universalitas)를 의미한다. 동시에 하나(unus), 즉 신을 향하여(versus) 나아가는 과정이기도 하다. 그의 범지학에는 과학적 지식을 수용하려는 의미만 있는 것은 아니었다. 그에게 인간의 삶은 내세를 위한 것이며, 현세는 그 준비를 하는 과도기적 과정이다. 코메니우스는 감각세계에 대한 지식도 중요시하였지만, 그것 이상으로 덕성과 신앙을 위한 교육을 강조하였다. 코메니우스에게 실용이란 현세적 측면을 배제하지는 않지만, 내세에 유익한 것을 보다 중요하게 여겼다.

Ⅲ. 교육 사상: 자연성과 교육의 체계화

코메니우스는 모든 아동들이 적어도 모국어학교(7～12세)까지는 진학을 해야 한다고 주장하였다. 여기에는 여자나 장애를 가진 아동도 포함되는데, 이는 교육에 대한 그의 신념을 보여주는 것이다.

그는 어린 시절의 교육을 중요하게 생각했다. 왜냐하면 아동기는 가장 가변적인 시기이며, 이때 받은 교육은 가장 오랫동안 기억에 남기 때문이다. 이러한 교육은 자연의 질서와 순서에 맞게 수행되어야 하며, 각 단계에 적합하게 이루어져야 한다. 그것은 구체적으로 인간의 이성(ratio), 언어(oratorio), 행위(operatorio)의 능력을 개발시키는 작업이다.

코메니우스는 과학적인 방법을 사용하기만 한다면 많은 학생들을 쉽게 가르칠 수 있다고 보았다. 그는 교육에서 학생들이 많을수록 좋다고 생각했다. 왜냐하면 교사나 학생은 그런 환경에서 더욱 의지가 생기고 자극을 받기 때문이다.

코메니우스는 각 아동의 연령 단계에 대응하는 4개의 학교를 준비했다. 처음 태어나서 6세까지는 어머니 무릎 학교, 7세부터 12세까지는 모국어 학교, 13세부터 18세까지는 라틴어 학교, 19세부터 24세까지는 대학과 여행을 배정하였다. 그리고 모국어 학교는 각 마을에, 라틴어 학교는 좀 더 큰 마을에, 대학은 도시에 설립되어야 한다고 주장했다.

어머니 무릎 학교는 가정을 의미한다. 여기서의 교육은 자연학(physica)으로부터 시작된다. 주변에서 흔히 볼 수 있는 자연적 존재, 현상, 사물 등을 다룬다. 그리고 각

<표 3> 코메니우스의 학교 단계

단 계	연 령	주요 교육 내용
어머니 무릎학교	0-6	가정교육 자연학, 실물
모국어학교	7-12	학교교육 6개 학년 교재 사용(지식, 덕성, 경건)
라틴어학교	13-18	7학 13개 학문영역 역사교육, 문법, 윤리, 수사학 등
대 학	19-24	신학, 정치학, 의학 저명 사상가 작품요약집

사물에 해당하는 단어의 개념과 사물의 용도, 외적 형태 등을 학습한다. 이를 위하여 코메니우스는 『유아교육 안내서(*Informatomum der Mutter Schule*)』와 『세계도해』를 집필하였다.

모든 학생들이 진학하는 모국어 학교는 6개 학년으로 구분되고, 각 학년에 적합한 교재가 사용된다. 각 교재에는 지식, 덕성, 경건의 내용이 모두 갖추어져 있어야 하며, 내용은 딱딱하지 않고 재미있어야 한다. 학습시간은 매일 4교시를 넘지 않으며, 2교시는 오전에, 나머지 2교시는 오후에 행해진다. 오후시간에는 오전시간에 배운 내용을 반복하며 복습한다.

라틴어학교에서는 모국어, 라틴어, 희랍어, 히브리어를 학습하며, 7학을 비롯한 13가지 학문영역의 지식을 습득한다. 6년간의 교육과정은 문법학, 자연학, 수학, 윤리학, 변증법, 수사학의 순으로 배열되어 있다. 또한 각 학년마다 역사교육을 실시하는데, 여기에는 적절한 교재가 필요하다고 하였다.

대학은 라틴어학교를 졸업할 무렵, 공개적으로 치른 시험에서 뛰어난 능력을 보인 사람들에게만 입학이 허락되었다. 또한 입학자는 근면하고 도덕적인 성격을 갖춘 사람이어야 한다. 이들은 자신의 자연적 적성과 교회와 국가의 필요에 따라서 각각 신학, 정치학, 의학 등을 연구한다. 코메니우스는 대학교육에서 저명한 사상가들의 '작품 요약집'을 활용할 것을 제안한다. 이는 학생들이 주요 저작 전체를 빠르게 개괄하고, 요점을 파악하는 데 도움을 줄 수 있다. 수업은 오전 중에는 교수의 강의, 오후에는 이를 바탕으로 한 집단토론이 행해진다. 학위취득 역시 토론을 통해 검증된 학생에게만 수여한다. 그리고 대학의 마지막 학년, 또는 졸업 후에는 여행을 통해 세계관을 넓힐 수 있게 배려하였다.

코메니우스는 좋은 교재에 대한 그의 견해를 이렇게 밝혔다. "모든 것을 포함하면서도 가능한 한 분량이 적을 것!" 그 내용은 학생들에게 즐거움을 주어야 하며 지루함을 유발시키지 않아야 한다. 아울러 교재는 학생들의 수준에 맞춰 몇 등급으로 나뉘어서 서술되고, 대화형식으로 구성하는 것이 바람직하다. 코메니우스는 이와 같은 교재를 교육의 '통로'라고 생각했다. 즉 교재는 신의 지혜가 담긴 책이고 모든 것을 학생들의 정신 속에 흘러 들어가게 하는 통로이다.

코메니우스는 고대 그리스의 철학자들을 비롯한 이교도들이 저술한 책들은 학생들의 교육에 적합하지 않다고 보았다. 왜냐하면, 거기에는 신앙에 반하는 내용, 비교육적인 내용이 많이 포함되어 있기 때문이다. 따라서 이런 책들을 읽는 것은 대학을 마치고 높은 지적 수준에 오른 사람들에게만 허용해야 한다.

코메니우스는 기존의 학교에서처럼 학생들에게 극심한 체벌을 가하는 것에 대해 반대했다. 잘못을 저지른 학생들에게는 벌이 부과되어야 하지만, 체벌은 될 수 있는 한 피해야 한다. 또한 코메니우스는 학습과 관련하여 체벌을 가하는 것에 반대했다. 학생이 공부를 즐거워하지 않는 것은 학생 자신의 문제라기보다 교사의 책임이다. 무분별한 체벌은 학생을 공부에 대한 관심으로부터 더욱 멀어지게 할 수 있다.

Ⅳ. 교육적 의의

코메니우스는 이전에 비해 풍부한 교육원리와 방법을 제시한 사상가이다. 그의 교육 사상은 현대 교육학에서도 전반적으로 응용할 수 있는 의미심장한 것이 많다. 그는 무엇보다도 인간의 전인성(全人性)을 중시한 전인교육 사상가이다. 인간의 사회적 발달과정에서 전체성과 전인적 인격성을 중시하면서 '지식-덕성-신앙'의 조화적 발달을 강조하였다. 또한 자신이 제안한 교수방법을 사용하여 학교의 이미지를 개선하는 데 기여하였다. 그것은 다름 아닌, 학교는 우울하고 힘든 곳이 아니라 행복과 기쁨이 넘치는 곳이어야 한다는 것!

코메니우스의 기본철학은 '자연의 원리를 활용한 교육은 어렵지 않고 힘들지 않다'는 것이다. 이는 인위적이고 강제적인 반자연적 교육의 횡행이 아닌 '합자연의 원리'이다.

범지학자로서 코메니우스는 광범위한 교육론을 피력한

다. 장애아 교육을 비롯하여 평생교육 차원에서의 성인교육을 강조하기도 한다. 교육과정의 측면에서도 지혜의 세 가지 근원인 지식, 덕성, 신앙을 중핵으로, 모든 사람에게 공통된 지식 체계를 갖도록 구성하였다. 아울러 교육내용의 일관성을 강조하면서 동심원적 교육과정을 제안한다. 그것은 동심원의 핵심인 중핵은 변하지 않으면서 지식의 영역을 각 발달 단계별로 확대하여 전개하는 작업이다. 이외에도 교육의 도구로서 교재의 가치를 높게 평가하여, 『세계도해』와 같은 서구 최초의 그림교과서를 펴내기도 했다. 이는 현대적 의미에서 시청각 교육의 효시로 확대 해석할 수 있다.

이러한 그의 사고는 국가나 교회가 학교를 설립하고, 모든 학생들을 입학하게 해야 한다는 근대적 공교육 제도의 이론적 기초를 제공하였다. 실제로 그의 교육철학에 영향을 받은 고타 공국의 에르네스트 공작(Duke Ernest the Pious)은 최초로 국가에 의한 교육을 제시한 「고타교육법(1642)」을 제정하기도 하였다. 이는 계속적으로 시행되지는 않았지만, 근대 공교육의 맹아가 되었다고 평가할 수 있다.

더 읽을거리

Comenius, J. A. 남혜승 역(1999). 『세계 최초의 그림 교과서』. 서울: 씨앗을 뿌리는 사람.

Comenius, J. A. 이숙종 역(1999). 『빛의 길』. 서울: 여수룬.
Comenius, J. A. 이숙종 외 역(2004). 『세상의 미로와 마음의 낙원』. 서울: 예영커뮤니케이션.
Comenius, J. A. 정일웅 역(2001). 『어머니 학교의 소식』. 서울: 이레서원.
Comenius, J. A. 정일웅 역(2008). 『범교육학』. 서울: 그리심.
Comenius, J. A. 정확실 역(2007). 『대교수학』. 서울: 교육과학사.

제4장 로크

John Locke, 1632~1704

건전한 신체에
건전한 정신이
깃든다
—『교육에 관한 몇 가지 사고』에서

Ⅰ. 생 애

로크는 우리에게 '백지설(白紙說)'로 잘 알려져 있다. 우리의 마음, 이른바 오성은 경험을 쌓기 전에는 백지이다. 그 유명한 한마디, "타불라 라사(tabura rasa)!"

로크는 변호사의 아들로 태어났다. 그리고 병약한 어린 시절을 보냈으며, 학교에 가는 것을 싫어했다고 한다. 옥스퍼드대학에 진학하였으나 중세의 문화와 스콜라적 학문 풍토가 지배하고 있던 대학교육을 좋아하지 않았다. 그럼에도 불구하고 석사학위를 마친 후, 옥스퍼드의 크라이스트 처치 칼리지에서 그리스어와 수사학, 철학 등을 가르쳤다. 옥스퍼드 수학 시절, 로크의 공부는 철학에 국한되지 않았다. 그는 성직이나 정치, 화학, 물리학에 흥미를 가졌고, 의학 공부에도 열중했다. 의학적 능력은 애슐리 경(Lord Ashley)과의 인연을 맺게 만들었다. 로크는 애슐리 경의 의학 고문이자 그 아들의 가정교사로서 활동했다. 이 시기쯤부터 로크는 교육문제에 대해 심도 있게 생각했다고 전해진다. 특히 로크 자신의 어린 시절 경험들이 아동교육에 대한 혁명적 생각을 낳은 것으로 보인다. 그의 사유는 나중에 유럽에서 널리 받아들여졌다. 로크의 영향을 받은 루소의 경우, 기존의 사고와는 상당히 다른 양식으로 나아가기도 하였다.

40대 초반이던 1675년, 로크는 기후가 따뜻한 곳을 찾아 프랑스로 건너갔다. 거기에서 1680년까지 머물면서 데카르트주의자들과 반데카르트주의자들을 동시에 만나면서 교류하였다. 이때 가상디(1592~1655)에게서 많은 영향을 받았다. 이후 샤프츠베리의 부름을 받고서 영국으로 다시 돌아왔다. 그러나 샤프츠베리는 당시 요크의 공작이었던 제임스 2세에 반대하는 음모에 관여하여 네덜란드로 피신하였고, 1683년 1월 그곳에서 죽었다. 어릴 때부터 병약한 동시에 소심한 성격이었던 로크도 네덜란드로 도망갔다. 그리고 그곳에서 6년간 머물렀다. 로크는 수배자로 지목되어 익명으로 살 수밖에 없었다.

이런 상황에서, 그는 철학과 교육에 관한 자신의 사고를 정리하였다. 이때 완성한 저작이 유명한 『인간 오성에 관한 에세이(*Essay Concerning the Human Understanding*)』이다. 그의 교육론을 보여주는 『교육에 관한 몇 가지 사고(*Some Thoughts Concerning Education*)』는 네덜란드에서 영국에 있는 친구(Edward Clake)에게 보낸 편지를 토대로 하고 있다. 편지는 친구의 자식 양육에 관한 조언을 담고 있다.

Ⅱ. 기본 사상: 인간의 마음, 오성

로크는 '오성(悟性)'이라고 하는 마음의 문제를 철학의 화두로 삼고 있다. 그것은 데카르트의 '본유관념(本有觀念: innate ideas)'을 반박한다. 그의 의견을 들어보자. "여기 우리에게 마음이 있다고 가정해 봅시다. 그 마음은 흰색입니다. 그러므로 그 어떤 성격도 관념도 담고 있지 않습니다. 그렇다면 우리가 지금 가지고 있는 성격이나 관념들은 과연 어떻게 얻게 된 것일까요? 어디로부터 그것들이 왔을까요? 어디서 이성과 지식의 모든 재료를 얻게 되었을까요? 이에 대해 저는 한 단어로 답할 수 있습니다. 바로 '경험'입니다."

로크의 생각은 분명하다. 정신활동은 외부세계의 물체(the objects), 혹은 마음의 작용과 관계가 있다. 외부세계의 지식은 감관(sense organs)의 활동을 통해 얻는다. 마음 또한 그 고유 능력인 지각(perception), 사고(thinking), 의심(doubting), 믿음(believing), 이성(reasoning), 인지(knowing), 의지(willing)를 통해 인식한다. 마음의 개념, 즉 관념의 근원은 바로 감각(sensation) 혹은 반성(reflection)이다.

아동기 때의 감각 경험을 통해 인간은 관념(Ideas)을 형성하기 시작한다. 그 아동이 성장했을 때 그는 마음의 작용에 대해 숙고한다. 이런 감각과 반성으로부터 의식적으로 획득한 관념은 단순관념(simple ideas)이다. 단순관념은 네 가지 집합으로 나눌 수 있다. ① 한 가지 감각으로 인식 가능한 색깔, 소리, 냄새, 맛, 촉각, ② 한 가지 이상의 감각인 물체의 연장, 꼴, 움직임, ③ 반성을 바탕으로 한 관념인 사고, 의욕, 기억, 구별, 추리, 판단, 앎, 믿음, ④

감각과 반성을 통한 기쁨, 쾌락, 고통, 불쾌, 힘, 존재, 시간적 계속(succession). ①+②는 감각관념이 되고, ③은 반성관념이며, ④는 감각과 반성의 단순관념이다.

인간의 마음은 단순관념을 수용한다는 점에서 수동적이다. 하지만 단순관념을 일단 받아들이면, 단순관념을 두고 능동적으로 가능한 다양한 방법으로 행위한다. 이때 행위는 몇몇 단순관념들을 하나의 복합관념(compound idea)으로 만든다. 나아가 단순관념이든 복합관념이든 두 관념을 함께 모아서, 그것을 하나로 결합하지 않고 동시에 그 두 관념을 볼 수 있도록 나란히 놓기도 한다. 또 그 관념들을 그들이 실재하는 존재물에서 그들 관념들에 부수되는 모든 관념들로부터 분리하는 작업, 즉 추상(abstraction)하기도 한다. 다시 말하면, 오성(human understanding)은 단 하나의 유일한 새로운 관념을 발견할 수는 없다. 언제나 다른 모습으로 관념을 바꿔낼 수 있을 뿐이다.

그리고 로크는 물체를 제1성질과 제2성질로 구분한다. 제1성질은 물체 고유의 성질이다. 예컨대, 고체, 확장, 숫자, 운동과 같은 것을 말한다. 제2성질은 물체 그 자체에 없고 물체의 성질을 통해 인간이 만들어낸다. 예컨대, 색이나 소리, 맛과 같은 것이다. 그것들의 원형은 물체들 자체 내에 실제로 존재한다. 그러나 제2성질에 의해서 우리 안에 산출된 관념들은 물체와 전혀 닮지 않았다. 물체들 자체에 존재하는 것 중에 우리 관념을 닮은 것은 아무것도 없다.

이리하여 로크는 인간의 오성이 인간의 태도와 성취를 완전히 결정한다고 보고, 조심스레 훈련되어져야 한다고 주장한다. 오성은 의지(willing)보다도 중요하다. 왜냐하면 행위의 이유를 제공하기 위한 자발적 행동의 전제이기 때문이다. 인간은 무엇이건 가능하게 하는 힘과 기능을 가지고 태어났다. 그럼에도 불구하고, 좋은 습관의 습득과 노력에 의해서만 그런 능력을 발휘할 수 있다. 사람마다 타고난 이해능력이 다름에도 불구하고 눈에 띄는 차이가 생기는 것은 습관의 결과이지 태생적 다름에 의한 것은 아니다.

로크는 오성의 행위 기술로 획득되는 이성의 과정을 확인할 수 있다는 믿음을 지니고 있었다. 그것은 참된 원리를 찾는 데 필수적이다. 우리가 거짓말을 받아들이거나 진실을 받아들일 때, 무관심하다는 것은 오류로 가는 지름길이다. 따라서 교육에서 자세한 주의는 학생이 자신의 오성 기능의 결과와 성격을 깨닫는 데 필수적이다.

인간은 오성의 기능, 즉 처음에는 백지였던 마음에 경험이 쌓이고 쌓여, 이성의 기능을 완벽하게 하려고 노력해야만 한다. 그리하여 나약한 감정이나 우유부단함, 과도한 희망에 휘둘리지 말아야 한다. 그것은 이른바, 긍정적 사고를 하는 일이다. 다름 아닌 영구불변한 진리를 찾기 위한 작업!

Ⅲ. 교육 사상: 경험과 습관화

로크는 『교육에 관한 몇 가지 사고』에서, 유명한 '타불라 라사(tabula rasa)'의 개념을 제안했다. 인간의 마음은 백지이다. 이 말은 그곳에 무언가를 써 넣을 수 있다는 가능성을 의미한다. 즉 우리의 정신기능(faculties)과 능력은 어떠한 방향으로도 발전 가능하다. 때문에 로크는 올바른 방향으로 나아갈 수 있는 힘을 기르는 것이 중요하다고 했다. 그 힘은 몸과 마음 모두를 말한다.

몸과 마음은 모두, 욕구를 발현하는 행동들을 습관화해야 한다. 타고난 자질과 성향은 성인의 성격에 미미한 영향을 끼치지만, 환경적 요인은 건강함과 건강하지 못함을 가르는 중대한 역할을 하기 때문이다. 이러한 기본 가정은 왜 좋은 신체적 습관을 가져야 하는지에 대한 이유를 설명해 준다.

당시 유럽은 페스트에 휩싸였다. 물은 부족했고 대부분 오염되었다. 의복은 더러울 수밖에 없었다. 아동의 사망률이 높았던 것은 말할 필요도 없다. 그래서 로크는 아동의 신체적 건강을 고민했다. '유해한 환경적 요소로부터 그들을 보호해야 한다!' 거기에서 그는 교육을 체육-덕육-지육의 순서로 구성해야 한다고 주장했다. 그만큼 인간에게 건강한 신체가 중요하다는 의미이다. 이런 생각은 위에서 언급한 환경적 요인에서 기인하기도 했지만, 로크가 생각하는 건강관과도 연관된다. 로크가 말하는 건강은 개인의 욕망추구를 가능하게 하고, 신사—건전한 인격자 혹은 교육받은 사람—로서 국가사회의 일정한 책임을 완수하기 위한 기본 요건이다. 달리 표현하면, 심신의 완전 상태를 의미한다.

로크가 교육에 공헌한 제일 원리를 꼽으라면, 바로 이것이리라. 몸과 마음, 모두를 단련(hardening)하는 원리! 유명한 격언인 "건강한 신체에 건전한 마음이 깃든다!"는 말도 이런 맥락에 있다.

그는 아이들을 불편함에 익숙하게 하고, 겨울에도 의복을 간단하게 입으며, 신발에 구멍이 나서 물이 새도 이에 적응하고, 술을 마시지 않으며, 가능한 한 약을 피하라고 주문한다. 왜냐하면 건강한 신체, 건강한 정신을 자신의 것으로 내재화하는 것이 습관 형성에 있다는 믿음 때문이었다. 그렇다고 이런 단련의 과정에서 아이들을 위험에 처하도록 내버려 둬서는 안 된다. 로크는 단지 아이들을 구속하는 옷으로부터, 건강을 해치는 음식으로부터 자유롭게 해 주고 싶었을 뿐이었다.

로크의 온전한 교육목표는 절제(restraint), 중용(moderation) 그리고 신체적 제약(regularity)을 분명히 하는 작업이었다. 로크는 주장한다. "정신이 가장 유연한 어린이 초기에, 규율에 따라서 도리를 알게 하라!" 자녀가 어릴 때, 부모는 엄격한 태도로 임해야 한다. 아이가 순종해야 하는 상황을 알 때, 아버지의 권위가 설 수 있다. 그렇다고 언제까지나 엄격하게 할 필요는 없다. 특히 빈번한 체벌은 부모의 게으름을 의미할 뿐이며, 아이들에게 잘못된 동기를 유발한다. 로크는 보상도 반대한다. 왜냐하면 체벌만큼 위험하다고 보기 때문이다. 아이들이 순종한다고 무조건 보상을 할 경우, 잘못된 동기를 부여할 수 있다. 이때 보상은 부모조차도 방탕하게 만들 수 있다. 그렇기에 올바른 자녀교육은 부모의 권위(authority)를 바로 세우는 일과 통한다.

한편, 공교육(Schools)에 대한 로크의 생각은 흥미롭다. 한마디로 말하면 각각의 아이에게 맞는 개성교육을 할 수가 없다고 본다. 따라서 책을 통한 학습을 제외하고 학교에서 이루어지는 교육의 여러 양상에 대해서는 부정적 견해를 보인다.

그렇다 보니 아동 개인에 대한 교육은 개인교사에게 맡겨진다. 절제, 겸손, 근면, 신중함과 같은 덕성과 풍부한 학식을 갖춘 개인교사만이 부모를 대신하여 아동 개인에게 맞는 학습이나 사회경험, 도덕훈련을 실천할 수 있다. 즉 개인교사는 학교교사와 다르게 아동 개인이 무엇을 배우고자 하는지에 대해, 아동의 관심과 성향을 찾아줄 수 있다고 보았다. 이런 차원에서 진정한 교육(true education)은 개인 스스로 자기를 조절하는, 이른바 '극기'에 있다. 여기에서 개인교사는 아동을 틀에 가두지 않고, 스스로 자신의 모양을 찾아가길 격려한다. 로크에게서 개인교사는 '학습상황(learning situations)을 제공하는 사람'이다.

아동이 자기를 조절하는 능력을 기를 때, 아동은 네 가지를 발달시켜야 한다. 첫째, 덕성(virtue)이다. 그것은 선의 체득, 사랑하는 일, 믿음 등과 관련된다. 둘째, 지식(wisdom)이다. 그것은 사물에 대한 참된 관념을 획득하는 일이자, 마음을 보다 가치 있고 크게 하며, 교활함으로부터 보호하는 일이다. 셋째, 예의(breeding)이다. 그것은 다른 것을 방해하지 않는 마음과 그러한 마음의 표현을 의미한다. 넷째, 학습(learning)이다. 교육적 가치가 있는 지육이나 승마, 운동, 취미, 일, 여행 등이 이에 해당한다.

덕성, 지식, 예의는 도덕교육의 범주이다. 네 번째 학습은 인간형성에 이바지하는 좁은 의미의 교양으로서, 신사가 체득해야 할 소양이다. 이것은 당시 일반적인 교육내용이었다.

Ⅳ. 교육적 의의

로크의 교육적 사고는 현대적 관점에서 읽으면, 특별히 새로울 것이 없는 듯 보인다. 그러나 그의 사고는 영국 전통에서 우러나오는 독특함이 배어 있다. 로크는 당시에 유행하던 새로운 사상이나 습관 속에서 신기한 것을 구하지 않았다. 자신의 경험을 바탕으로 냉정하고 객관적이며 합리적 판단에 의해, 정당한 비판을 겸한 자기 사상을 표현했다.

『교육에 관한 몇 가지 사고』, 즉 그의 교육론은 로크 사후에도, 유럽의 교육 현실에 녹아들었다. 영국 퍼블릭 스쿨(public school)의 자유와 규율의 전통은 로크가 주장했던 교육적 사유를 이어온 것이다. 다시 강조하면, 로크는 인간의 개성을 최대한 존중한다. 그러나 지나친 개성의 중시는 자기 과신이나 자기 욕망에 빠질 우려가 있다. 때문에 로크는 신기함이나 신비주의를 바라는 인간의 경향성을 억제하고, 모든 인간들이 상호 이해할 수 있는 상식을 간직해 나가려고 노력했다.

"건전한 신체에 건전한 정신이 깃든다(Man sana in corpore sano: A sound mind in a sound body)!"는 로크의 말, 그것은 몸과 마음의 분리가 아니라 그것을 극복한 교육적 양상이다. 신체는 인간의 교육 가능성의 원천이다. 교육은 신체와 정신의 긴밀한 연결과 유기적 연관을 통해 양자의 건전한 육성을 보장한다. 이런 교육은 정신과 육체의 조화라는 측면에서 언제나 유효하다. 로크는 형식교육을 향해 날카로운 비판을 가했다. 그리고 지식교육보다 신체단련과 도덕교육을 중시했다. 그런 로크의 생각은 지금의 우리 교육을 되새김질하는 데 하나의 준거가 될 수 있다.

더 읽을거리

Locke, J. 강정인 · 문지영 역(2005). 『통치론: 시민정부의 참된 기원, 범위 및 그 목적에 관한 시론』. 서울: 까치.
Locke, J. 정달현 역(1992). 『세속권력론』. 서울: 중문출판사.
Locke, J. 이극찬 역(1974). 『시민정부론』. 서울: 연세대학교출판부.
Locke, J. 공진성 역(2008). 『관용에 관한 편지』. 서울: 책세상.

제5장 루소

Jean Jacques Rousseau, 1712~1778

우리는 약하게 태어난다. 그러므로 우리에게는 힘이 필요하다. 우리는 모든 것이 결핍된 상태로 태어나므로 도움이 필요하며, 우둔한 상태로 태어나므로 판단력이 필요하다. 어른이 되면 필요하겠지만, 태어나면서 가지지 못한 모든 것은 교육을 통해 우리에게 주어진다.

—『에밀』에서

Ⅰ. 생 애

루소는 1712년 제네바에서 태어났다. 그의 어머니는 그를 낳은 후 죽었다. 그런 그는 시계공인 아버지 밑에서 자랐다. 자연스레 그의 교육은 아버지에게 맡겨졌다. 루소의 감각과 자연에 대한 감수성은 아버지로부터 물려받은 듯하다. 그는 형식적인 교육을 전혀 받지 않았다. 그의 교육은 아버지에 이어서 가정교사가 담당했다. 루소는 청소년기에 조판공의 도제로 일하기도 했다. 그러나 그 일이 맞지 않아 도망쳤다고 한다. 1740년 그는 리옹(Lyon)에서 가정교사를 했다. 성공적이지는 않았지만 가정교사란 경험은 그에게 교육 문제에 대한 관심을 일깨워 주었다.

1749년 어느 여름날, 디종 아카데미(Dijon Academy)에서 제기한 '과학과 예술의 진보가 도덕에서 타락 혹은 정화, 어떤 것에 기여했는가?'란 주제에, 그는 「학문예술론(*Discours sur les Sciences et les Arts*)」을 저술하여 수상했다. 1753년, 디종 아카데미는 '인간불평등의 기원은 무엇이며 그것은 자연법에 따라 정당화될 수 있는가?'란 다른 문제를 제기한다. 이때 루소는 학문적으로 대응했으나 수상하지 못했다. 그러나 그때의 아이디어를 1755년 『인간불평등 기원론(*Discours sur l'origine et les foudements de l'inégalité parmi les hommes*)』이란 제목으로 출판했다. 그는 이 책 한 부를 볼테르에게 보냈다. 그러자 볼테르는 "나는 인간의 종에 반대하는 당신의 두 번째 책을 받았습니다. 우선 이에 감사드립니다. 이러한 능력은 우리 전부를 바보로 만드는 노력에 사용해서는 안 됩니다"라고 답했다. 이러한 비난에도 불구하고, 이 당시 루소는 많이 알려졌다. 또한 많은 사람들이 그의 의견을 중요하게 여겼다.

비슷한 시기에 루소는 디드로와 달랑베르 등이 편찬에 착수한 백과전서에 「정치경제(Political Economy)」란 사설을 썼다. 그 다음 5년 동안은 그의 중요한 저작들을 위한 구상으로 보인다. 1761년 『신 에로이즈(*Julie, ou la Nouvelle Hélloise*)』, 1762년 『사회계약론(*Du Contract Social*』과 『에밀(*Émile, ou de l'education*)』을 출판하였다. 이러한 저작들은 루소를 교육이론가로 더욱 부각시켰다. 특히, 『에밀』의 출판은 세계적인 분노를 야기하였고, 비난받았다. 그리고 파리 대주교에 의하여 금서가 되었다. 이에 대해 루소는 길고도 매우 신중한 글을 대주교에게 보냈다. 저술의 동기와 내용, 원리를 자세하게 소개했지만, 대주교는 그의 탄원을 받아들이지 않았다.

『에밀』은 당시 영향력 있는 두 집단으로부터 비난을 받았다. 하나는 볼테르와 백과전서주의자들(encyclopaedists)이며, 다른 하나는 교회다. 그들은 그 저서에 포함된 '사부아 보좌신부의 신앙고백'에 대해 강한 불만을 드러냈다. 이는 루소를 종교의 '이단'으로 논의하게 된 시발점이다.

루소의 책은 당국에 압수되었고, 소르본 신학부에 의해 고발당하였다. 체포령이 떨어진 루소는 스위스 베른에 머물렀다. 시민권이 취소되어 제네바에는 갈 수 없었다. 1767년 그는 흄의 초대로 그의 집에 머물며 『고백(*Les Confessions*)』을 집필한다. 이때 루소는 정신적으로 매우 힘들어했다. 그의 도피는 1770년 파리로 되돌아오며 막을 내린다. 파리로 돌아온 그는 『고백』 2부, 『대화, 루소는 장 자크를 심판한다(*Dialogues, Rousseau juge de Jean-Jacques*)』, 『고독한 산책자의 몽상(*Les Revrie d'un promeneur solitaire*)』을 완성하고 1778년 운명을 달리했다.

Ⅱ. 기본 사상

루소의 「학문예술론」은 그의 사상을 이해하는 데 하나의 기준이 된다. 그것은 정치철학에 대한 루소의 기본 생각이 담겨 있다. 이 에세이에서 루소는 시민사회의 모든 타락은 자연(Nature)과의 이탈에서 초래되었다고 주장하였다. 이런 루소의 사고는 자연주의적 경향을 보인다.

루소는 이렇게 말했다. "우리의 마음은 학문과 예술이 발달하는 만큼 타락해 왔다. 이를 우리 세대에만 국한된 불행한 특이점이라고 말할 수 있는가? 그렇지 않다. 우리의 허영적 호기심으로부터 초래한 악은 우리들 세상만큼이나 오래되었다. 달에 의한 썰물과 밀물보다 예술과 학문의 진보에 의한 사람의 도덕이 더 규칙적이다. 해가 수평선상으로 뜨는 것과 덕이 연속성을 가지는 이 두 가지 현상은 언제 어디서나 관찰될 수 있는 것이다."

루소는 인간을 타락시키는 영향들 중 하나로 '교육'을 들었다. 우리가 어린 시절 교육받았던 큰 시설에서 우리는 단지 의무처럼 교육을 받았다. 당신의 아이들이 자신의 언어를 모른다면, 그들은 다른 이에게 어떠한 말도 할 수 없을 것이다. 아동이 단지 암송한 시를 쓴다면, 그들은 오류로부터 진실을 구별할 수 없을 것이다. 그들은 예술의 겉만 지니게 될 것이다. "나는 아동이 무언가 해야 한다는 것을 안다. 하지만 그들이 무엇을 배워야 하는가? 이것은 매우 중요한 질문이다. 그들이 성인이 되었을 때 그들에게 실용적인 그 무엇을 배우도록 내버려 두어라."

이렇듯 그 논문의 주제는 사회와 자연의 대조였다. 그러나 그가 '자연'을 언급하지만, 그것의 정확한 의미는 명확하지 않다. 이 부분에 대해 루소도 인지하고 있었다. 그는 의미를 세분화하여 모호한 단어를 붙이는 것이 의미를 명확히 하는 것과 거리가 있다고 보았던 것 같다. '자연'은 사회의 인위적 삶과 야인(primitive man)의 순수한 존재를 대비하는 표현으로 아주 유용한 단어이다.

『인간불평등 기원론』에서 '자연'의 개념은 긍정적인 생각을 함유한 소극적 의미로부터 발달되었다. 그의 사상 발달단계에서, 자연인(natural man)은 야인(primitive savage)을 의미한다. 루소는 이 야인을 그가 가진 고유의 자연성을 어떠한 방해나 간섭을 받지 않고 발달시키는 존재라 보았다. 그리고 루소는 야인의 타락은 사유재산의 발생에서 시작했다고 보았다.

『사회계약론』에서 그의 자연에 대한 개념은 전체 논지의 기반이 된다. "인간은 자유롭게 태어나지만 도처에서 쇠사슬에 묶여 있다. 자기가 다른 사람들의 주인이라고 생각하고 있는 사람도 사실은 그들보다 훨씬 더 심한 노예 상태에 놓여 있다. 어떻게 하여 이러한 변화가 생겼는가?" 『사회계약론』은 이에 대한 루소의 대답이다.

Ⅲ. 교육 사상: 자연 교육

루소의 교육을 이해하기 위해서는 『에밀』의 서두를 읽을 필요가 있다. "모든 것은 신의 손에서 나올 때는 좋은데, 인간의 손에서 그 좋음을 잃어버린다." 『에밀』은 한마디로 교육에 관한 소설이다. 『에밀』에는 세 명의 등장인물이 있다. 주인공인 '에밀'과 그의 스승—루소 자신을 비유한 것처럼 느껴진다—, 그리고 에밀의 운명적인 짝 소피(Sophie)이다. 논설에 낭만적 요소를 적절히 삽입하는 것은 루소에게서 새로운 시도는 아니었다. 그는 이미 『신 엘로이즈』에서 그것을 선보였다. 이런 방법은 분명 장점을 가지고 있었다. 저자는 자신만의 배경을 창조할 수 있었고, 계획된 환경에서 주인공들의 삶을 전개할 수 있었다. 루소는 이런 점을 통해 그의 교육 사상을 더욱 명확히 표현할 수 있었다. 물론 "낭만적 스토리는 에세이로서의 글을 망쳤고, 논설로서의 글은 낭만적 이야기를 망쳤다"는 견해도 있었다. 심각한 것은 루소의 비평가들이 『에밀』의 이중구조에 대한 이해의 부족으로 작품 읽기에 어려움을 겪었다는 점이다. 루소의 동시대인과 몇몇 근대 비평가들은 『에밀』에 표현된 교육적 사고가 인생 전부를 한 아이에게 헌신하는 가정교사상이라 평하기도 했다.

루소는 공교육에 반대하지 않았다. 그러나 그는 당대의 공교육이 미래 시민들의 교육을 감시하는 것에 부적절하다고 확신했다. 이상적인 교육은 이상적인 환경에서만 가능하다. 그래서 루소는 자신이 생각하는 이상적인 환경을 상정하여 『에밀』을 썼다.

루소가 교육에 공헌한 것 중 가장 큰 사안은 '아동의 발견'이다. 물론 이것이 고대부터 중세, 르네상스에 이르기까지 모든 교육 사상가들이 다루지 않았던 사안은 아니다. 당시까지만 해도 어른들은 아이들을 늘 고정된 시각으로만 바라보았다. 어른이 생각하는 대로, 그들의 교육을 그들의 방법으로 아이들에게 적용했다. 그리고 아동은 이를 따라야 할 존재였을 뿐이다. 이와 다르게 루소는 아동들을 새로운 차원의 인간 존재로 보았다. 그들이 가진 고유의 것(prime factor)이 있고, 교육에서 이 점이 고려되어야 한다고 보았다.

루소의 생각은 다음과 같다. "자연은 아동이 성인이 되기 전까지는 그들이 아동다울 것을 원한다. 이러한 질서를 깨버리면, 우리는 익지도 않고, 맛도 없고, 쉬이 썩어버리는 그런 과일을 갖게 될 것이다. 아동기는 보고, 생각하고, 느끼는 이런 행위를 스스로 해야 한다. 우리의 방식을 아동에게 대입하는 것보다 더한 바보짓은 없다."

이러한 그의 비판은 인간이 자연으로부터 받은 교육—우리의 정신능력과 신체기관의 내적인 발달—은 인간의 통제를 벗어나 있으므로 인간교육의 시종일관된 계획은 자연적 발달 방식에 근거를 두어야 한다는 것이다. 그러므로 루소는 불확실한 미래를 위해 현재를 희생시키는 교육의 결점을 모면할 수 있다고 가정하고, 아동의 자연적 성장단계에 주의를 기울였다. 그의 이러한 생각은 『에밀』에 서술한 발달단계에 일관되게 담겨 있다. 아동의 성장단계는 유아기(infant), 아동기(childhood), 소년기(pre-adolescent), 청년기(adolescence)로 나뉜다.

한편, 이전 사상가들의 대부분은 원죄설(the doctrine of original sin)을 맹신했다. 루소는 여기에 의문을 가졌다. "자연의 첫 번째 충동은 항상 옳습니다. 그것은 사람의 마음에 어떠한 원죄도 없음을 의미합니다. 어떻게 모든 악의 근원을 알 수 있겠습니까?"

교육에 관한 글을 쓴 이전의 사상가들은 대부분 이런 원죄설에서 출발하고 있었다. 그래서 그들은 아이들의 충동과 그들의 본성을 경멸했다. 따라서 교육은 아이들의 자연적 충동을 억압하여 좋은 습관을 가지게 하는 작업임을 정당화한다. 원죄설에 대한 부정과 '자연으로부터 온 모든 것은 선(good)하다'는 진술은, 루소에게 도야론을 제시하게 만들었다. 각자의 개성을 발현하여 자기를 성숙시켜가는 작업! 그것은 인간성의 새로운 발견이자 교육양식을 혁신하는 계기가 되었다.

루소는 아동의 교육이 자연과 일치되어야 한다고 주장했다. 그는 아이들의 교육이 아동의 자연성에 기초해야 한다고 믿었다. 아이로서 그가 필요한 것은 그의 힘과 능력, 흥미, 즉 아이다움이다. 많은 근대 교육사상가들이 이러한 그의 관점에 동의한다. 그의 아동의 초기 교육에 대한 사고는 아동교육의 새로운 출발점으로 자리매김된다. 아이러니하게도 루소는 자신의 자식을 고아원에 맡겼다. 그럼에도 불구하고, 그는 『에밀』에서 아동에 대한 부모의 책임을 역설한다.

이제, 루소가 제기했던 아동의 발달단계, 성장의 과정을 구체적으로 살펴보자.

유아기는 오로지 자유로운 행동과 감각경험을 통해 발달하는 시기이다. 그래서 그 어떠한 형식적 교육도 거부한다. 루소는 18세기 학교교육의 결점을 잘 알고 있었다. 그런 까닭인지 로크의 일반 학교 교육과정의 협소한 자연성에 동의했다. 로크처럼 그는 널리 성행하는 실생활에 전혀 필요 없는 죽은 언어를 가르치는 행위에 대해 격렬히 비난했다. "지금 하는 것과 반대로만 한다면 당신은 언제나 옳을 것이다!"

앞에서 언급한 것처럼, 루소는 2세에서 12세에 해당하는 아동기를 원시 야인(primitive savage)의 시기라고 보았다. 야인 혹은 소작농의 자식은 이 단계에서만큼은 그 어떠한 것도 필요 없다고 했다. 이는 루소가 이런 환경이 그의 자연성을 기르는 데 아주 적합하다고 보았기 때문이다. 이런 과정은 실제 시민사회에서 살고 있는 에밀에게 적용하기 힘들다. 그러므로 에밀을 타락한 사회에서 오는 유해한 것으로부터 보호할 필요가 있다. 그래서 초기 교육은 반드시 '소극적'이어야 한다. "인생에서 초기 교육은 미덕과 진실을 가르치는 것이 아니라 영혼을 악으로부터 보호하는 것이다."

그렇다고 교육자가 이 시기에 어떠한 긍정적 영향도 없다는 것은 아니다. 루소는 형식적 수업을 하는 데 반대할 뿐이다. 교사는 그의 학생이 설령 읽고 쓰지 못해도 걱정할 필요가 없다. 이 시기 아동들은 운동과 감각활동을 통해서 자연스럽게 배운다. 루소는 이 시기에 시행되는 직접적인 도덕교육에 매우 회의적이었다. 그는 교육의 효율성 재고를 위한 우화들을 배제시켰다. 그것은 학생들에게 잘못된 교훈을 줄 수 있기 때문이었다. 그는 아이들 스스로 원하는 환경이야말로 가장 효과적인 스승이라고 생각했다.

12세에서 15세는 소년기이다. 루소는 아동의 발달에서 아동 스스로 사용하는 용어의 모든 가치를 판단할 때가 바로 실질적인 단계(practical stage)라고 보았다. 아동의 호기심은 넘쳐난다. 아동은 그가 경험한 것들과 관련하여, 질문에 대한 답을 찾기 위해 노력한다. 그래서 우리는 아동들에게 과학을 가르칠 수 있다. 이는 그를 과학자로 만들려 함이 아니다. 그에게 과학을 맛보게 하고, 배우는 방법을 알려줄 뿐이다.

이처럼 루소는 현대 교육학의 시각에서 볼 때, '발견학습'의 초석을 놓았다. 문제 상황에 놓아라. 그가 스스로 풀 수 있게 내버려 두어라. 그는 아무런 가르침을 못 받았기에 아는 게 없다. 하지만 그렇기 때문에 그것에 대해 스스로 배울 수 있다. 과학 또한 스스로 배우게 하라. 그는 그것을 발견할 것이다. 책은 오직 최후의 수단일 뿐이다. 루소는 이러한 방식으로 에밀에게 지리학과 천문학을 익히게 했다. 이 단계가 끝날 때까지 에밀에게는 그 어떠한 책도 허용되지 않았다. 이유는 간단하다. 책은 우리가 모르는 것에 대해 가르쳐주려고만 하기 때문이었다.

에밀의 교육은 실물교육(real education)을 향한 준비이다. 이런 점에서 적극적 교육(positive education)보다 소극적 교육(negative education)을 강조한다. 그러나 적극적 교육이 강조되어야 할 단계도 있다.

루소는 청년기가 매우 민감한 사춘기라는 것을 잘 알고 있었다. 이 시기 인간의 성격에 대한 그의 묘사는 아동에 대한 과학적 연구가 이루어지기 이전에 등장한 것으로는 최고의 수준이다. 그는 에밀에게 우선해야 할 것을 강조했다. 그 안에서 솟아오르는 새로운 열정(passion)을 어떻게 다룰 것인가! 그것을 배워야 한다. 아울러 사회성에 대한 자극을 주어야 한다. 이전까지 수행한 성장과업은 이러한 일을 충분히 할 수 있는 능력을 주었다.

『에밀』 제5권에서는 여성교육에 해당하는 소피의 교육에 관해서 설명하고 있다. 루소의 여성교육은 여성의 자연성을 존중하는 데서 비롯되었다. 그것은 아내, 어머니, 가정주부로서의 사명을 다하는 일이다. 순종의 미덕을 갖추고 남성에게 맞추어 남성이 즐겁도록 해야 하고, 아이를 양육할 책임이 있으며, 가정을 관리해야 한다. 이는 현대 교육적 차원에서 보면, 지나치게 남성 중심적으로 전개되었다는 비판을 받을 수도 있다.

Ⅳ. 교육적 의의

교육에서 루소의 영향은 그 어떤 사상가보다도 컸다. 심지어 그의 이론에 동의하지 않는 사상가조차도 그의 이론을 참고할 정도로 그 영향은 지대했다. 『에밀』의 영향은 독일과 스위스에서 대단했다. 바제도우, 짤즈만은 루소의 아이디어를 실천에 옮겼다. 교육적 개혁의 정점이라 여겨진 페스탈로치, 프뢰벨도 『에밀』에서 많은 아이디어를 얻었다. 서구에서 19세기 교육사상가 몇몇을 제외하고는 루소의 영향을 받지 않은 교육사상가가 없을 정도이다.

루소의 교육 사상은 오늘날까지도 많은 영향을 끼치고

있다. 특히 '아동의 발견'은 근현대 교육에서 하나의 분기점을 마련해 준 것이다. 루소의 아동 이해와 발달 단계에 기초한 교육관은 단순히 교육적 차원에 머무르고 있지 않다. 이는 당시 주류를 이루고 있던 문화와 관습에 대한 비판이다. 요컨대 그의 사상은 인간을 새롭게 이해하는 교육의 주요 근거가 되었다.

더 읽을거리

Rousseau, J. J. 주경복 외 역(2003). 『인간 불평등 기원론』. 서울: 책세상.

Rousseau, J. J. 김중현 역(2003). 『에밀』. 서울: 한길사.

Rousseau, J. J. 주경복 외 역(2002). 『언어 기원에 관한 시론』. 서울: 책세상.

Rousseau, J. J. 김중현 역(2007). 『학문과 예술에 대하여/산에서 쓴 편지』. 파주: 한길사.

Rousseau, J. J. 진형준 역(2008). 『루소의 식물 사랑』. 파주: 살림

Rousseau, J. J. 김붕구 역(2007). 『고백』. 서울: 박영률출판사.

Rousseau, J. J. 이환 역(1999). 『사회계약론』. 서울: 서울대학교출판부.

Rousseau, J. J. 서익원 역(2008). 『신엘로이즈』. 파주: 한길사.

제6장 칸트

Immanuel Kant, 1724~1804

인간은 교육을 받아야 하는
유일한 피조물이다.
—『교육학 강의』에서

Ⅰ. 생 애

칸트는 서구 계몽철학의 정점에 서 있는 인물이다. 1724년 4월 22일 프로이센의 쾨니히스베르크에서 태어난 그는 13세에 어머니 안나를 잃고, 22세에 아버지 요한을 잃으면서 가난한 고학생의 처지에 내몰리게 된다. 그때부터 31세까지 가정교사 생활을 하는데, 이를 계기로 고향으로부터 120Km가량 떨어진 장교의 집에 가본 것이 그가 일생 동안 가장 멀리 고향을 떠난 경험이었다.

그는 이러한 여건에 굴하지 않고 46세에 쾨니히스베르크 대학의 철학교수가 된다. 단조로운 생활 방식을 고수했던 칸트는 매일 오후 네 시에 산책로를 걸으며 사색에 잠겼다. 이러한 11년 동안의 사색은 1781년 대작 『순수이성비판(Kritik der reinen Vernunft)』으로 출간된다. 처음에 이 책은 그 난해함으로 인해 조롱을 받기도 했지만 몇 년이 지나자 독일 지성계를 장악하기에 이른다.

그러나 자신의 행로를 담담하게 이어가던 그에게 시련이 닥친다. 말년에 다가온 그것은 종교와 관련된 것이었다. 종교적 관용을 베풀었던 프리드리히 2세(재위 1740~1786)는 칸트의 계몽주의적 성격의 저서들을 포용해 주었다. 하지만, 그 뒤를 이은 프리드리히 빌헬름 2세(재위

1786～1797)는 칸트를 박해하였다.

그 후, 70세를 넘기면서 차츰 강의활동을 중단해 가던 칸트는 1804년 2월 "좋다(Es ist gut)!"라는 말과 함께 생을 마감하였다. 그의 묘비에는 『실천이성비판』에 나오는 다음과 같은 문구가 새겨져 있다. "나의 마음을 채우고, 내가 그것에 대해 더 자주, 더 깊이 생각하면 할수록 늘 새로운 경외심과 존경심을 더해 주는 것 두 가지가 있다. 머리 위에 별이 빛나는 하늘, 그리고 내 마음속의 도덕법칙."

Ⅱ. 기본 사상: 이성에 대한 3대 비판서

우리에게 칸트는 3대비판서로 유명하다. 이른바 『순수이성비판』, 『실천이성비판』, 『판단력비판』. 제목에서도 확인할 수 있듯이, 칸트는 '이성'에 몰입했다. 특히 칸트가 주저 『순수이성비판』에서 밝힌 필생의 문제의식은 다음의 세 가지로 요약될 수 있다.

첫째, 나는 무엇을 알 수 있는가?

둘째, 나는 무엇을 해야만 하는가?

셋째, 나는 무엇을 희망할 수 있는가?

이 모든 것을 미리 정해 주었던 신(神)이 죽은 자리에 그가 새롭게 정초하고자 한 것은 '인간 이성'이었다. 라이프니츠의 예정조화설('우리는 무엇이든 알 수 있다')과 흄의

회의주의('우리는 아무것도 알 수 없다')라는 극단 사이에서 사유했던 칸트는 오히려 다음과 같이 묻는다. "나는 무엇을 알 수 있는가." 그를 사로잡은 문제의식은 다름아닌, 인간 이성의 능력과 한계를 명확히 밝히는 것이었다.

모든 것을 이미 알고 있는 신과는 다른 인간 이성의 특수한 운명. 칸트 이전의 철학은 외부 대상에 우리의 인식이 얼마나 일치하느냐를 참된 앎의 기준으로 삼았다. 그러나 칸트는 선험적 종합판단을 통해, 우리의 인식능력이 대상을 따르는 것이 아니라 대상이 우리의 인식능력이 지닌 법칙을 따르는 것으로 사유의 전환을 꾀한다. 이는 신과 같은 절대자를 사유했던 고대나 중세의 형이상학적 전통을 벗어나 인간 이성의 구성적 능력을 중시하는 철학적 작업이다. 즉 사유의 중심이 신에서 인간으로 옮겨 가는 코페르니쿠스적 전회였다.

인간 이성은 보고, 듣고, 느끼는 등의 경험을 바탕으로 하는 감성(Sinnlichkeit)과 그 경험들을 판단하는 지성(Verstand)의 결합으로 이루어져 있다. 여기서 잡다한 감각자료인 감성은 지성에 의해 통합된다. 지성은 다시 경험 혹은 감각을 매개하지 않는 직관인 사변이성(Spekulativ Vernunft)에 의해 통합된다. 그런데 칸트는 지성의 영역과 사변이성의 영역을 날카롭게 구분하면서 서로 다른 영역을 침범해서는 안 된다고 생각한다.

지성은 우리가 태어날 때부터 지니고 있는 능력인 범주—분량, 성질, 관계, 양상—를 바탕으로 한다. 그리하

<표 4> 칸트의 12범주

분 량	단일성	다자성	전체성
성 질	실재성	부정성	한정성
관 계	실체성	인과성	상호성
양 상	가시성	존재성	필연성

여 "우리집 진돗개는 도둑을 잘 잡아"와 같은 경험에 근거한 판단만을 자신의 인식 영역으로 삼아야 한다. 반면 신의 존재나 수학과 같은, 경험을 넘어서는 직관적 영역을 담당하는 사변이성은 종교나 도덕법칙에만 적용하자고 제안한다.

이러한 그의 생각은 도덕법칙(정언명령)의 문제에 관해서는 『실천이성비판』에서, 아름다움의 주관적 성격에 관해서는 『판단력비판』에서 전개된다.

Ⅲ. 교육 사상: 자연적·실천적 교육

루소에게 영향을 받은 칸트는 자신의 『유고』에서 "나는 무식한 천민을 경멸하고 있었다. 루소가 이러한 나를 바로잡아 주었다. …… 나는 인간을 존경하는 것을 배웠다"고 쓰고 있다. 대작으로 평가받은 칸트의 3대 비판서에 비해 교육문제를 본격적으로 다룬 『교육학강의(*Üeber*

Päedagogik)』는 제자의 필사본에 의해 출판되었다는 점에서 평가절하되어 왔다. 그러나 칸트와 그의 제자의 친밀한 관계, 그가 행한 인간학 강의의 높은 비중에 비추어 볼 때 결코 간과할 수 없는 저작이다.

칸트는 인간을 교육적 동물(educational animal)로 선언한다. "인간은 교육을 필요로 하는 유일한 피조물이다! 인간은 오직 교육을 통해서만 인간이 된다!"

이런 교육에 대한 그의 관심은 인간과 도덕에 대한 그의 열정에서 비롯되었다. 이런 차원에서 그의 만년 저작에 해당하는 『교육학강의』는 경험의 문제를 다루는 인간학과 도덕법칙의 문제를 다루는 도덕형이상학으로 구성되어 있다. 전자는 역사적인 성격을 띤 학문, 즉 역사학, 언어학, 실정법 등을 가리키며 후자는 직관을 통해 인식되는 도덕법칙을 가리킨다. 예컨대, 지하철에서 구걸하는 사람을 보고 동정을 느낀다면 그것은 칸트적 설명과는 거리가 멀다. 칸트는 이러한 경험 이전에 존재하는 도덕법칙(정언명령)이 인간의 사변이성 속에 '나면서부터' 존재한다고 보았다.

그는 동물과 공통되는 자연적 교육과 인간의 삶의 목적과 관계되는 실천적 교육을 구분하였다. 자연적 교육은 실천적 교육의 준비과정으로 교사의 적극적 간섭을 배제한다. 그러나 방해되는 것이 있다면 충동을 억제하게 하는 훈육을 실시하여 그 목적을 달성한다. 다음으로 실천적 교육의 목적은 계몽(Aufklärung)에 있다. 계몽은 자기 스스로의 잘못에 의해 빚어진 미성숙으로부터 탈출하는 작업이다. 미성숙성이란 타인의 도움 없이 자신의 이성을 사용할 수 있는 능력이 결여된 상태이다. 무엇보다 중요한 것은 계몽에 대한 이해이다. 계몽은 인간의 특권이다. 동물은 다른 모습으로 바뀔 수 없으나 인간은 교육을 통해 이성적인 존재로 변화할 수 있다.

앞에서 말한 것처럼, 교육을 통해서 인간다운 인간, 도덕성을 갖춘 인간이 될 수 있다! 요컨대, 칸트의 교육론은 자연적 소질을 키우는 양육(Wartung), 동물성을 억제시키는 훈육(Disziplinierung), 지식과 기능을 도야하는 계화(Kultivierung), 사회화를 돕는 개화(Zivilisierung), 도덕적 인간이 되는 도덕화(Moralisierung)를 통해 도덕적 주체의 완성을 시도하고 있다.

Ⅳ. 교육적 의의

칸트가 살았던 18세기는 16~17세기의 서구 과학혁명기의 유산을 그대로 이어받고 있는 시대였다. 과학혁명기 이전에는 과학과 기술이 분리되어 있었다. 예컨대, 배를 만드는 사람들은 유체역학을 알 필요가 없었다. 그러나 기술의 효용성은 차츰 상류층 지식인인 프랜시스 베이컨(1561~1626), 로버트 보일(1627~1691)과 같은 이들의 관심을 끌기 시작했다. 이제 '과학기술'의 등장은 인간이 세계에 대해 가졌던 생각들을 완전히 뒤집어 놓는다. 우주에 천상의 세계가 있을 것이라는 생각도, 인간의 영혼은 영원할 것이라던 생각도 '인간 이성'의 위대한 능력 앞에 무릎을 꿇는 시대가 도래한 것이다.

이러한 시대적 배경하에 대학에서 최초의 '교육학 강의'를 개설한 칸트는 신(神)의 위상이 위협받던 자리에 보편적 이성을 가진 인간 주체(subject)를 놓았다. 칸트 이래로 현대교육은 이 주체의 문제를 잡고 씨름한다. 교육이 본래 가르치는 자와 배우는 자의 관계에서 출발한다면, 양자는 어떻게 화해할 수 있는가? 이러한 정황하에서 어떠한 인식이 바람직한 교육의 모습을 형성할 수 있는가?

"인간은 오직 교육을 통해서만 인간이 된다"는 칸트의 발언은 교육자와 학습자를 '상호성'으로 이해할 수 있게 하는 중요한 단초를 제공한다. 칸트가 염원했듯이, 이제야 사람들은 올바르게 판단하며, 무엇이 본래 좋은 교육에 속하는 것인지 분명히 통찰하기 시작했다. 그리하여 교육을 통하여 인간성이 점점 발달해 가고, 이것이 우리에게 보다 행복한 미래, 인류에 대한 전망을 열어주리라는 믿음을 확보하게 될 것이다.

더 읽을거리

Kant, I. 최소인 역(2007). 『감성계와 지성계의 형식과 원리들』. 서울: 이제이북스.

Kant, I. 백종현 역(2007). 『순수이성비판』. 서울: 아카넷.

Kant, I. 백종현 역(2002). 『실천이성비판』. 서울: 아카넷.

Kant, I. 이재준 역(2005). 『아름다움과 숭고함의 감정에 관한 고찰』. 서울: 책세상.

Kant, I. 이원봉 역(2002). 『도덕 형이상학을 위한 기초 놓기』. 서울: 책세상.

Kant, I. 신옥희 역(2001). 『이성의 한계 안에서의 종교』. 서울: 이화여자대학교출판부.

Kant, I. 이한구 역(2008). 『영구 평화론: 하나의 철학적 기획』. 파주: 서광사.

Kant, I. 이석윤 역(1989). 『판단력비판』. 서울: 박영사.

제 7 장 페스탈로치 / 프뢰벨

Heinlich Pestalozzi, 1746~1827

Friedrich Wilhelm August Froebel, 1782~1852

참된 인간교육의 원칙은
그 자신이 참되어야 할 뿐 아니라
그것을 실행할 것을 기대하는 사람에게도
참되어야 한다.

―『숨은 이의 저녁 노을』에서

Ⅰ. 생 애

페스탈로치는 1746년 스위스의 취리히에서 태어났다. 6세 때 아버지가 사망하여 경제적으로 궁핍했다. 하지만 어머니와 가정부의 헌신적 도움으로 감상적이고 상상력이 풍부한 성격의 인물로 성장했다. 취리히 문리대학에서 고전과 신학을 공부했고, 목사가 되기 위해 신학에 전념하면서도 언어학, 철학을 공부했으며, 빈민구제에도 뜻을 두어 법률학을 전공했다. 대학 시절 만난 교수들을 통해 인간의 행복은 물질이 아닌 정신에 있다는 것을 깨닫게 된다.

1774년 처음으로 노이호프(Neuhof)라는 농장을 경영하기 시작했으나 실패를 맛보면서, 자신의 옛 꿈인 교육에 눈을 뜨게 되었다. 이후 빈민 노동 학원(Armenansta, 1774~1780)을 설립하여 부랑아와 고아들을 모아 옷과 음식을 제공하였다. 주요 저서로 『숨은 이의 저녁 노을(*Die Abendstunde eins Einsiedlers*, 1780)』, 『린하르트와 게르트르트(*Lienhard und Gertrud*, 1781)』, 『안방에서의 아동 교육론(*Kinderlehre de Wohnstube*, 1781)』 등을 남겼다. 특히 『린하르트와 게르트르트(*Lienhard und Gertrud*)』는 루소의 『에밀』과 같이 유명한 교육소설로 가난한 농민의 가정이 슬기로운 주부의 자녀 교육을 통해서 부유해지는 과정을 그려낸

소설이다. 이 작품을 통해 페스탈로치는 유명세를 얻게 되었다.

이후 그는 1805년 이베르돈(Yverdon)의 고성(古城)에 학원을 창설하여 1825년까지 20년 동안 운영하였다. 이곳에서 그는 자신의 교육 사상을 실천하며 세계적인 명성을 얻게 되었다. 특히 유치원의 창설자인 프뢰벨이 이 학교를 방문하여 자신의 유아 교육 사상을 정립하기도 하였다. 그러나 1815년 부인이 죽은 후 학원 운영에 흥미를 잃은 그는 1825년 학원을 정리하고, 노이호프(Neuhof)로 돌아와 82세를 일기로 생애를 마감했다.

'유치원의 창시자'로 알려진 프뢰벨은 1782년 4월에 태어났다. 4세 때 부친의 재혼으로 계모 밑에서 불우한 유년기를 보냈지만, 외삼촌의 도움으로 위기를 넘길 수 있었다. 1799년 여름 자연과학에 대한 연구심에 불타 예나 대학에 입학하여, 쉴러, 셸링, 피히테 등 당대의 대가들에게 교육을 받았다. 아버지 사망 후 생계를 위해 일하던 그는 1805년 외삼촌이 남겨준 유산으로 건축가로서 새출발을 준비하고 있었다. 그러던 중에 페스탈로치의 제자였던 그루너(Gottlieb Anton Grüner, 1778~1844)를 만나 프랑크푸르트 모범학교(Musterschule)에서 교사로 일하게 되었다. 이 시기부터 그는 페스탈로치와의 만남을 통해 그를 정신적 아버지로 생각하고 페스탈로치 정신에 따른 교육자의 삶을 살기로 결심한다.

이후 가정교사 등으로 일하는 한편 페스탈로치의 사상을 전파하며 활발히 활동하던 그는 1826년에는 『인간교육(*Die Menschenerziehung*)』을 저술하였고 1840년에 어린이 교육을 새롭게 하기 위해 유치원(Kindergarten)을 설립하였다. 유치원이 무신론 교육을 한다는 이유로 폐쇄되는 아픔을 맛보기도 했던 프뢰벨은 1852년 세상을 떠난다. 그러나 아동교육과 유치원에 대한 그의 이상은 1860년 유치원 폐쇄조치가 해제된 후 세계 각지에 널리 전파되었다.

Ⅱ. 기본 사상: 인간성과 신성

페스탈로치의 사상적 배경은 루소였다. 그는 루소와 같이 '인간의 자연적 본성은 선하다'는 입장을 취하면서도, 인간성 안에 자연적, 사회적, 도덕적 상태의 세 단층을 설정하여 인간성을 실현해 나가는 방법을 루소와는 다르게 설명하였다.

그에 의하면 자연적 상태의 인간은 착하고 선한 본성을 지니고 있지만 동시에 거친 야수적 충동도 지니고 있다. 따라서 아무리 최대 다수의 최대 행복을 가져다 주는 것일지라도 그것만으로는 도덕적인 것이라고 할 수 없다. 왜냐하면 도덕의 본질은 개인 내면세계에서 스스로 솟구치는 영혼의 갈구를 충족시키기 위함에 있으며 사회적 상태의 규제와 타락에서 벗어나는 데 있기 때문이다.

페스탈로치에 의하면, 인간은 이와 같은 본능의 상태에서 벗어나 양자택일의 인격적 결단을 통해 자신의 도덕세계를 개척해 나아갈 힘을 스스로 지니고 있다. 그러므로 도덕적 인간은 본능적 충동의 지배를 받는 것도 아니고, 사회의 타율적 규범과 관습 또는 계약에 의해 형성되는 것도 아니다. 철저하게 자기 자신의 내면적 힘에 의해 지배받는 고유한 존재이다.

한편, 프뢰벨은 신과 인간과 자연의 불가분의 관계를 주장하는 점에서 루소나 페스탈로치와 동일하다. 하지만 루소에게서 자연성, 페스탈로치에게서 인간성이 중심이라면, 프뢰벨은 신성(神聖)을 중심에 둔다.

프뢰벨에게 신은 우주를 지배하는 '영원한 법칙의 주체'로 해석된다. '나'라는 존재는 부분인 동시에 전체이고, 만물은 모두 '부분적 전체'라고 하였다. 이와 같은 사고는 프뢰벨 고유의 사상인 통일의 법칙으로 발전했다. 자연계는 생명의 커다란 유기체이고 개개 자연현상은 내적으로 결합된 하나의 유기체에 지나지 않는다. 이 유기체에는 하나의 영원한 법칙이 작용하고 있다. 또한 생명이란 정신적인 것과 물질적인 것의 융합체로 정신적인 것이 없는 물질은 죽은 것이며 정신적인 것과 관련 없는 물질은 혼돈 상태에 있다. 이처럼 우주의 모든 형성 작용의 근저에는 하나의 통일, 즉 신이 깃들어 있다. 이와 같은 사상을 만유재신론(萬有在神論)이라고 한다.

Ⅲ. 교육 사상: 삼육론과 자기활동교육

페스탈로치의 교육 사상은 세 가지로 요약할 수 있다. 인간교육, 노작교육, 합자연교육. 인간교육과 관련하여 그는 "교육의 일반적 목적은 내면의 모든 능력을 순수한 인간의 지혜에까지 향상시키는 것"이라고 하였다. 다시 말하면, 인간의 본성을 동물적·사회적·도덕적 단계로 구분하여 인간에 필요한 지·덕·체의 조화적 발전을 이끌어 내는 작업이다. 그것은 필연적으로 전인적 인격 형성으로 나아간다. 또한 그는 노동과 교육의 결합을 통하여 교육의 생활화, 관념의 명료화, 주의력의 집중화를 실현할 수 있다고 보았다. 마지막으로 합자연의 원리는 인간의 본성을 발전시키기 위해서는 자연의 필연적 법칙을 따라야 한다는 것이다.

이런 교육의 기본원리에 바탕하여, 교육방법의 원리를 8개로 요약할 수 있다.

① 자기창조의 원리: 교육은 인간 내적 소질을 스스로 발전시킬 수 있게 도와야 한다. 이를 위해 자율성, 자발성, 흥미, 욕구의 충족이 따라야 한다. 여기서 교사는 이런 활동을 조성하는 사람으로서 화초를 가꾸는 정원사와 같다.

② 교도의 원리: 교육이란 하나의 확고한 목표를 향하여 걷게 하는 일이다. 여기에는 아동이 동경하는 이상적 인물이 목표로서 제시되어야 한다.

③ 도야의 원리: 교육은 상호협조와 연마를 통한 사회 연대감과 상호의존감의 육성을 통해 공동운명체 의식을 함양해야 한다.

④ 기초 도야의 원리: 기초과목은 가정교육의 단계에서부터 철저하게 다져야 한다. 특히 산수, 도형기하학, 국어 등 세 가지가 중요하다.

⑤ 내면적 직관의 원리: 플라톤은 이성적 사고를, 코메니우스는 감각적 경험을 중시했지만, 페스탈로치는 사고와 경험의 조화를 중시한다. 아동에게 어떤 개념을 가르치고자 할 때 먼저 필요한 것은 풍부한 감각적 인상이다. 이것을 내면적 직관이라 하고, 이 교육이 제대로 이뤄져야 사물의 외면적 인상에만 의존하는 피상적 이해를 극복할 수 있다.

⑥ 세 힘의 균형의 원리: 도덕적·윤리적, 지능적·정신적, 신체적·기능적 능력을 조화롭게 발전시키는 삼육(三育)을 통한 전인적 발달이 중요하다. 특히 기본적인 것은 도덕적·윤리적 기능의 발달을 추구하는 도덕교육이다.

⑦ 개인과 사회협동의 원리: 교육은 사회혁신의 강한 수단이기는 하지만 인간은 자기목적적인 존엄한 존재이므로 어떤 것의 수단이 되어서는 안 된다.

⑧ 친근성의 원리: 교육은 가장 가까운 생활권에서 시작하여 점차 확대되어야 한다. 가정에서는 안정된 정서를 기르고, 학교에서는 각자 능력에 맞는 직업선택과 사회참

여의 길을 훈련하고, 사회에서는 협동심과 시민적 의무감을 길러야 한다.

한편 프뢰벨의 교육 사상은 깊은 신앙에 근거하고 있으며 인간을 만물 가운데 최고의 존재로 여겼다. 그는 페스탈로치의 사상을 이어받아서, "인간은 정원에 뿌려진 씨앗"으로 비유하고 그 씨앗이 잠재력을 최대한 발휘할 수 있기 위하여 신성을 신장시켜야 하고 신적 원리에 자발적으로 순응해야 한다고 하였다. 따라서 교육의 목적은 신성한 삶을 충실히 표현하는 데 있다. 즉 자발적으로 자신의 능력을 충분히 개발하고 원만하게 사회적 관계를 맺을 수 있는 인간을 만드는 데 있다.

프뢰벨은 루소의 소극교육론을 '발달 순응적 교육'이라는 개념으로 발전시켰다. 그는 자신의 에세이 속에서 동식물의 사례를 많이 들면서 자연법칙에 따른 교육을 강조했다. 우리는 어린 동식물에게 안정을 주고 그들의 성장에 불필요한 간섭을 가하지 않아야 한다. 왜냐하면, 그렇게 간섭을 하게 되면 동식물의 자연 발육이나 건전한 성장에 방해가 된다는 것을 알기 때문이다. 프뢰벨의 생각은 의외로 간단하다. 어른들은 아이들을 마음대로 취급하지 말라!

프뢰벨은 아동의 자기활동을 창조적인 것으로 보았다. 그렇기에 교육은 아동의 창조적인 자기활동을 도와주어야 한다. 아동은 타인에 의해 통제되는 강제적 활동에 의해서

<그림 3> 프뢰벨의 은물

가 아니라 자신의 의지와 흥미에 따른 자기활동에 의해 자신의 본성을 표현한다.

또한 프뢰벨은 놀이 활동을 통한 교육을 시간낭비로 여기던 당시 통념을 깨고 유아교육이 놀이 중심으로 이루어져야 한다고 주장하였다. 프뢰벨에 의하면 놀이란 아이들이 자기의 내적 세계를 스스로 표현하는 방법이다. 그것은 아동기의 가장 순수한 정신적 산물이며 인간생활 전체의 모범이다. 그는 유아들을 위한 교육적 놀잇감으로 은물(恩物)을 개발했다. 은물은 부모나 하나님이 주는 은혜의 선물이라는 뜻으로 단순한 놀이기구가 아니라 철학적 의미가 담긴 교육용 장난감이다.

페스탈로치가 운영하던 학원을 돌아보고, 프뢰벨은 그

의 노작교육 사상을 계승하였다. 신성을 간직한 인간은 노동을 통하여 자신의 내적 본질을 구체적으로 표현하게 된다. 유아와 아동도 예외가 아니다. 유아의 단순한 생명활동을 위시하여 삶을 위한 모든 활동과정이 바로 노작의 과정이다.

Ⅳ. 교육적 의의

18세기 말 당시 계몽주의적 교육 사상에 문제를 제기한 페스탈로치와 프뢰벨은 현대 교육에 큰 시사점을 주고 있다.

먼저, 인류의 교사 또는 교성(教聖)이라 일컬어지는 페스탈로치는 상류계층을 위한 교육을 민중을 위한 것으로 돌려놓았다는 점에서 코페르니쿠스적 전환을 이루었다는 평을 받는다. 교육의 기회 균등을 강조한 그의 사상은 21세기가 된 지금도 여전히 가치가 있다.

특히 지·덕·체의 조화를 인간교육의 기본에 두고 도덕성 함양을 핵심으로 보았다. 이런 그의 사상은 입시 혹은 입신출세를 교육의 목적으로 생각하는 사람들에게 교육의 본질이 무엇인지 깨달음을 준다.

페스탈로치 교육의 또 다른 시사점은 '받는' 것을 전제하지 않는 '주는' 사랑으로 일관한다는 점이다. 즉 희생, 봉사로 행동되는 사랑이다. "모든 것이 남을 위해서였으며, 스스로를 위해서는 아무것도 하지 않았다"라고 새겨진 그의 묘비명은 교육이 어떠해야 하는지 단적으로 보여준다.

프뢰벨 역시, 단순히 유치원의 창시자로 기억해서는 곤란하다. 그는 아동을 하나의 인격체로 인정하고 그에 알맞은 교육을 제안한 교육사상가요 인간교육자이다. 지식 위주의 교육이 지나치게 아동교육을 지배하는 교육 상황에서, 아동의 자연스러운 활동인 놀이를 통하여 어린이 속에 내재한 신성을 발현시키고자 한 그의 교육관은 주요한 메시지를 던진다.

그는 인간의 천성 속에 있는 모든 소질들은 선하고 값진 것이라고 확신했다. 이 모든 소질들을 균형 있게 성장시키는 것, 즉 인간의 모든 소질들을 조화시키고자 한 것이 교육이었다.

이상에서 살펴본 두 학자의 교육 사상은 도덕성을 지닌 창조적 인간을 목적으로 한다. 이런 점에서 기능적 혹은 수단적으로 인간을 다루는 오늘날의 교육을 돌이켜보게 만든다.

더 읽을거리

Pestalozzi, J. H. 김선양 역(2008). 『겔트루드는 어떻게 그의 자녀를 가르치나』. 파주: 한국학술정보.

Pestalozzi, J. H. 김정환 역(2000). 『숨은 이의 저녁노을』. 서울:

박영사.
Pestalozzi, J. H. 김정환 역(1995). 『(페스탈로치가) 어머니들에게 보내는 편지』. 서울: 양서원.
Froebel, F. W. A. 이원영 · 방인옥 역(2005). 『인간의 교육』. 파주: 양서원.

제 8 장 헤르바르트

Johann Friedlich Herbart, 1776~1841

종합적 수업은 다량의 새로운 표상을 제공하며
이들을 가공해야 한다.
교사는 이러한 종합적 수업이
아동의 마음을 충만하게 만드는지
공허하게 만드는지
지속적으로 관찰해야 한다.
—『일반교육학』에서

Ⅰ. 생 애

헤르바르트는 독일의 북해연안에 위치한 올덴부르크에서 태어났다. 엄격하고 사변적인 법률가 아버지와 적극적이고 활동적인 어머니 사이에서 자라난 그는 부모의 불화로 인하여 불안정한 유년기를 보냈다. 그러나 어머니의 열성적인 보호 아래 일찍부터 다양한 교육을 받을 수 있었다.

1788년 올덴부르크에 있는 라틴어 학교에 입학한 헤르바르트는 이듬해인 1789년 프랑스 혁명을 지켜보았다. 이 사건을 계기로 1793년, 당시 고등학생이었던 그는 학교에서 "국가 도덕성의 성장과 퇴보에 영향을 미치는 가장 보편적인 원인에 대하여"라는 연설을 하게 된다. 그리고 1794년 『독일국민에게 고함』으로 유명한 피히테가 철학부 교수로 재직 중이던 예나 대학에 진학했다. 완고한 아버지의 뜻에 따라 법학과에 등록했으나 인간과 삶 그리고 세계에 대한 피히테의 철학에 매료된 헤르바르트는 곧 철학으로 전공을 바꾸었다.

피히테의 철학은 하나의 이론체계로서 잘 정립되어 있었다. 하지만 헤르바르트는 그것이 인간의 삶과 동떨어져 있다고 느꼈다. 그리고 1797년 학업을 중단하고 스위스로 이주한다. 이곳에서 그는 주지사의 두 아들을 가르치는 가정교사로 일하며 페스탈로치와 교류하게 된다. 그는 페스탈로치의 교육방법에 심취하여, 1802년 『직관의 기초에 대한 페스탈로치의 생각』이란 제목으로 교육학 서적을 발표하였다.

스위스에서의 가정교사 생활 이후, 헤르바르트는 고향 올덴부르크로 돌아온다. 이때부터 그는 학자로서 경력을 쌓기 시작한다. 1805년 괴팅엔 대학 철학부 대우교수로 임명된 헤르바르트는 그의 초기 강의들을 바탕으로 『일반교육학(*Allgemeine Pädagogik*)』(1806), 『일반실천철학(*Allgemeine praktische Philosophie*)』(1808)을 발표하였다. 1809년에는 칸트의 후임으로 쾨니히스베르크 대학의 교수가 된다. 여기서 당시 프로이센 국가의 현안이었던 '프로이센 교육개혁'에 직·간접적으로 영향을 미치게 된다. 특히 학생들이 대학에서 이론을 배운 뒤, 교육관찰 및 실습을 할 수 있도록, 일종의 실험학교인 "교육연구소"라는 기관을 설치하였다. 이는 교사교육의 개선을 목적으로 한 것이었다. 후원 문제 등으로 인하여 그가 계획한 대로 운영되지는 못하였으나, 독일의 과학적이고 체계적인 교사교육발전에 밑거름이 되었다.

1833년 헤르바르트는 괴팅엔 대학으로 돌아와 철학과 학과장직을 맡았다. 그러나 이후 정치적 사건 등에 휘말려 곤욕을 치르기도 하였다. 말년에는 저술활동에 몰두하며 『일반교육학』을 증보한 『교육학강의 개요(*Umriss Pädago-*

gischer Vorlesungen)』(1835)를 발표하였고, 1841년 8월 14일 생을 마감하였다.

Ⅱ. 기본 사상: 도덕성의 염원

헤르바르트는 인식하는 주체와 대상 간의 연합 가능성에 의문을 제기하였다. 칸트가 대상의 객관성을 대상 인식의 주관성에서 발견하였다면, 헤르바르트는 칸트와 달리 대상의 대상성에서 파악하였다. 여기에서 대상 인식의 주관성이란 가장 순수한 이성으로 사유하는 것을 말한다. 칸트는 이를 통하여 대상의 객관성을 파악할 수 있다고 주장하였다. 반면 헤르바르트는 주체를 넘어서 대상 인식의 가능성을 신뢰하였다. 이는 주체의 판단 및 추론이라는 인식능력으로 가능하다고 생각하였다.

헤르바르트가 말하는 인식은 경험 및 의지와 밀접한 관련이 있다. 특히 이들의 결합가능성은 교육적 도움을 통하여 달성될 수 있다. 올바른 인식능력과 의지형성 능력을 획득하는 것은 교육과 도야의 결과다. 인식론과 윤리학의 개념인 인식과 의지를 문제 삼은 그는 도덕성을 특히 강조한다. 이때 도덕성이란 개인의 올바른 행위라기보다는 내적인 자유를 의미한다. 내적인 자유는 올바른 인식의 결과로 드러나는 것으로 인식과 의지 사이의 관계라고 할 수 있다.

헤르바르트는 내적인 자유는 사고체계의 형성을 통하여 성취 가능하다고 보았다. 그리고 이를 교육과 수업의 핵심과제로 삼았다. 사고체계는 명료→연합→체계→적용으로 구성된다. 명료는 개별대상의 특징을 분석하고 구별하는 작업이다. 연합은 각 대상의 일치성과 상이성을 파악하여 보는 일이다. 체계화는 파악된 대상을 논리적으로 조합하려는 시도 및 개념을 형성하는 작업이며, 적용은 획득한 체계를 통하여 새로운 사례에 적용하는 방법이다. 이때 각 단계는 독립적인 것이 아니라 서로 관련을 맺으며 사고과정을 형성한다. 사고체계의 형성은 교육방법이나 단계를 구분한 것은 아니며 다만 그 자체로 인식과 의지의 관련 가능성을 드러내는 목적이 된다.

한편 사고체계가 지향하는 것은 흥미를 형성하기 위한 것이다. 이때 흥미란 개인의 지각이 특정 사물 영역에 지속적으로 머물러 있는 것을 말한다. 흥미를 통하여 독자적, 지속적 그리고 비판적인 학습이 가능하다.

칸트와 더불어 헤르바르트는 인간이 추구해야 할 목적으로 도덕성을 제시하였다. 칸트가 교육을 도덕적 인간이 되기 위한 필요조건으로 이해한 반면 헤르바르트는 교육을 통해서만 도덕적 인간이 될 수 있다고 보았다. 특히 헤르바르트는 도야 가능성으로 인간을 이해하였다. 이는 인간이 교육받을 수 있는 능력을 선천적으로 가지고 태어남과 동시에 교육을 통하여 도덕적인 인간이 될 수 있음을 의미한다. 특히 헤르바르트는 교사와 학생의 상호작용에서 비롯되는, 교육을 통한 점진적 성취의 결과를 도덕적 인간으로 이해하였다.

Ⅲ. 교육 사상: 교육학의 체계화

헤르바르트는 교육학의 기초로서 실천철학인 윤리학과 심리학을 제시하였다. 윤리학은 교육의 목적과 관련되고 심리학은 교육의 과정, 방법을 돕는 데 기여한다. 즉 윤리학과 심리학의 과학적 결합으로 개인의 덕성을 도야하는 것에 관한 학문이 교육학이라고 규정하였다.

또한 헤르바르트는 교육학을 '교육자가 자신을 위해 필요로 하는 학문'이라고 주장하였다. 그는 수업을 통한 교육만을 교육이라고 하고, 수업 없는 교육, 혹은 교육 없는 수업을 인정하지 않았다. 수업 없는 교육, 혹은 교육 없는 수업은 구체적인 교육내용도 없이 학생의 감정을 장악하여 개인의 성격형성을 저해하는 교육이다. 교육적인 수업에서 교사에게 요구되는 것은 학문과 사고능력이다. 교육적인 수업의 과제는 특정한 사례의 도움으로 학생에게 해당 내용을 설득력 있게 설명하여 흥미를 일으키는 것이다. 그에 따르면, 교사가 설득력 있게 교육내용을 설명하였을 때, 학생은 비로소 이해할 수 있고 바른 판단을 내릴 수 있다. 그리하여 교육의 목적인 도덕적인 인간으로 성장할 수 있게 된다.

헤르바르트는 흥미를 일으키는 대상으로 지식의 인식적 측면과 공감적 측면을 구별하였다. 이때 인식적 측면은 경험을 통하여, 공감적 측면은 교제를 통하여 형성된다. 학생이 흥미로운 대상을 추구하는 것은 곧 사고체계의 심화에 해당하며 이를 수집하고 사유하는 것은 숙고에 해당한다.

교육적인 수업의 목적으로 덕성의 도야를 제시한 헤르바르트는 도덕적 목적에 이르는 단계로서 흥미의 다면성 6가지를 제시하였다. 흥미는 환경의 현실적 사물관계와 인간관계로부터 비롯된다. 흥미의 다면성은 ① 경험적 흥미 ② 사변적 흥미 ③ 미적 흥미 ④ 공감적 흥미 ⑤ 사회적 흥미 ⑥ 종교적 흥미로 구별된다. 이때 경험적, 사변적, 미적 흥미는 경험을 통한 인식적 흥미이며 공감적, 사회적, 종교적 흥미는 인간관계에서 비롯되는 흥미, 사회적 문제에 대한 흥미, 신에 대한 흥미이다. 헤르바르트는 교수의 결과로 드러나는 것은 학생의 흥미가 발현되는 것이라고 보았다. 이와 같이 그는 지식을 주입하는 식의 수업보다는 학생이 흥미를 추구하는 다양한 측면을 고려한 수업을 지향하였다.

한편 헤르바르트는 교육이 변질되는 양태를 두 가지로 제시하였다. 하나는 중요하지 않은 교육방법을 고안하여 맹신하는 것이고, 다른 하나는 학생의 태도에서 일시적인 것과 지속적인 것을 구별하지 못하는 일이다. 교육이 변질되는 것을 미연에 방지하기 위하여 헤르바르트는 교사교육을 강조하였다. 이를 위해 앞에서 언급한 "교육연구소"를 설립하여 학생들이 직접 교육실습을 할 수 있도록 여건을 마련하기도 하였다.

마지막으로 교육이론과 실천의 문제에 관하여 헤르바르트는 현장에서 이루어지는 교사의 실천에 따라 달라진다고 보았다. 헤르바르트가 제시한 교육실천은 실천(praxis)으로 표현되며 이론과 대립되는 개념이 아니다. 그러나 교육이론과 교육실천 간의 간극은 상아탑의 연구실과 교육현장의 차이만큼이나 벌어질 수밖에 없는데, 이를 위하여 헤르바르트는 교육적 지혜를 고안하였다. 교육적 지혜란 교육실천에 종사하는 교사들의 매 순간 판단능력을 의미한다. 교육적 지혜는 교육이론과 교육실천을 매개하는 역할을 하며 교육실천을 통하여 지속적으로 확장 가능하다.

Ⅳ. 교육적 의의

헤르바르트의 교육 사상은 19세기 후반 헤르바르트 학파가 형성되는 등 독일교육에 막대한 영향을 행사하였다. 그 이유는 그의 교육 사상이 교육실천에 관련하여 교사들에게 유용하고 직접적인 도움을 제공하였기 때문이다.

헤르바르트의 제자들은 헤르바르트의 교육적인 수업이론으로부터 일종의 형식적 수업방법을 고안하였다. 이후 헤르바르트 교육 사상은 교육방법론에 치우쳐 교육현장에 수용되었다. 또한 교수학적 도식주의로 변질되어 독일 개혁교육운동가들의 비판을 사기도 하였다. 그러나 헤르바르트의 교수학은 다방면의 교육이론 정립과 더불어 교육실천을 핵심으로 하고 있다. 또한 그의 교수학은 지식전달 위주의 수업이 아닌 다방면의 흥미 중심의 수업을 지향한다. 따라서 그의 교육 사상을 편향된 교육방법론이라고 보기에는 다소 무리가 있다.

교육이론을 체계화한 헤르바르트는 교사교육론에 관심을 가져 교육연구소를 설립하는 등 과학적으로 교사를 양성하고자 노력하였다. 그는 교사교육모델을 개발하여 실습을 통해 이론과 실천이 가능하도록 하였으며 그의 시도는 체계적인 교사교육론에 단초를 제공하였다고 볼 수 있다.

더 읽을거리

Herbart, J. F. 김영래 역(2006). 『일반교육학』. 서울: 학지사.
김창환(2002). 『헤르바르트: 실천학으로서의 교육학』. 서울: 문음사.
이환기(2004). 『헤르바르트의 교수이론』. 서울: 성경재.
최용섭(1997). 『헤르바르트 교육학연구』. 광주: 조선대학교출판부.

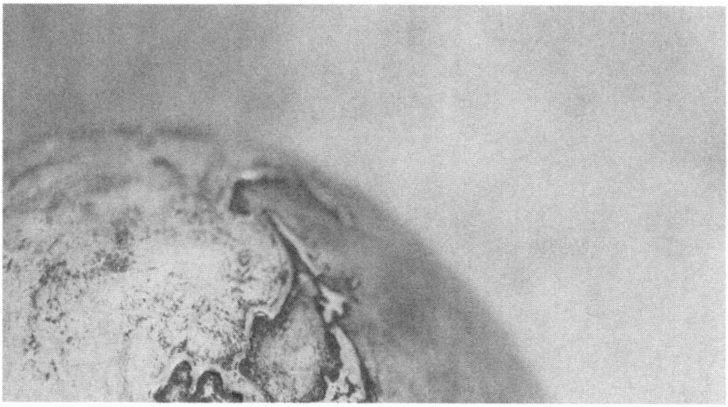

제 2 부
교육의 개념 확장

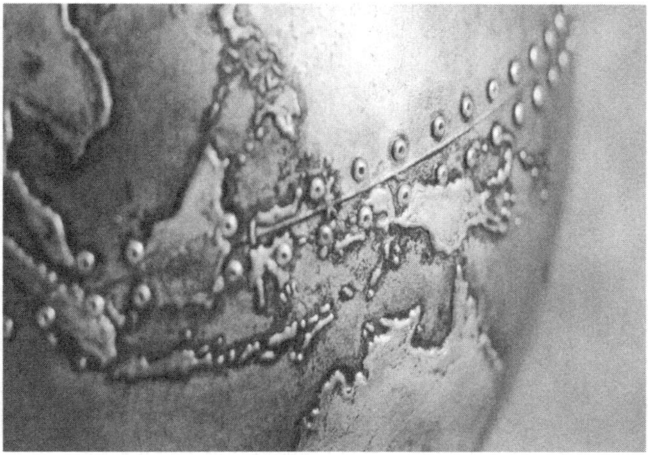

제9장 콩도르세 / 피히테 / 만

Marquis de Condorcet, 1743~1794
Johann Gottlieb Fichte, 1762~1814
Horace Mann, 1796~1859

민중의 대다수가
조국에 대한 관념을 품을 수 있도록
교육되어야 한다.
대다수의 국민들에게
확실히 조국이라는 관념을 품게 하기 위해서는
그들 전체에 대하여
교육이 시도되어야 한다.
—『독일 국민에게 고함』에서

Ⅰ. 생 애

콩도르세는 1743년 프랑스 삐까르디 지방의 리브몽에서 귀족가문의 아들로 태어났다. 기병사관으로 근무하던 그의 아버지는 그가 태어난 해에 사망하였다. 그는 예수회 학교를 거쳐서 파리에 위치한 나바르 대학에 입학하였다. 그는 가문의 전통이던 군 입대를 거부하고 수학, 자연과학, 계몽철학을 공부하는 데 몰두하였다. 1760년 그는 파리에서 개최된 수학 경시대회에서 두각을 나타내어 달랑베르의 주목을 받았다. 6년 후 그는 과학 아카데미에 적분에 관한 자신의 논문을 제출하여 입상하였으며, 곧 아카데미 수학분야의 종신회원으로 선임되었다.

1774년 재무장관 튀르고(Turgot)는 콩도르세를 화폐공사의 총감독감으로 임명하였는데, 이를 계기로 정계에 입문하게 되었으며 당시로서는 급진적이었던 노예제도의 폐지를 주장하기도 하였다. 혁명이 발발하자 그는 「인간과 시민의 권리선언」의 작성에 참여하였다. 또한 그는 혁명국민회의의 서기로 선출되었으며, 교육위원회의 대변인으로서 자신의 「교육안」을 제출하였다. 이후 정치인으로서 콩도르세는 선전포고와 국왕 처형문제와 관련하여 정쟁에 휩싸이게 되었으며, 지롱드파의 지도자로 분류되어 자코

뱅당의 추격을 받고 망명생활을 겪게 되었다. 망명기간 중 그는 주요 저작인 『인간정신의 진보에 관한 역사적 개요(*Esquisse d'un tableau historique des progres de l'esprit humain*)』를 집필하였다. 그러나 반대파에 체포되어 감옥에 수용된 다음날 사망하였다.

피히테는 1762년 독일 작센주 라메나우에서 태어났다. 그의 아버지는 리본을 만들어 파는 일에 종사하였는데, 가정형편은 넉넉하지 못하였다. 그는 그의 놀라운 기억력에 감탄한 영주에게 위탁되어 교육을 받게 되었으며, 이후 예나 대학에 입학하여 처음에는 신학을, 나중에는 철학을 공부하였다. 그는 특히 칸트철학으로부터 많은 영향을 받았다.

그의 후원자였던 영주의 사망으로 피히테는 가정교사 자리를 전전해야 했는데, 그 와중에 칸트를 방문하였으며 이를 계기로 『모든 계시의 비판적 시론(*Versuch einer Kritik aller Offenbarung*, 1792)』을 출판하였다. 그런데 출판업자의 실수로 저자명이 누락되었고, 사람들은 처음에는 이를 칸트의 저서로 여겼으나 곧 피히테의 것으로 밝혀졌으며 이를 통해 그는 철학적 명성을 얻게 되었다. 1794년 그는 예나 대학 철학교수로 초빙되었다.

1807년 피히테는 나폴레옹에 의해 점령된 베를린의 아카데미에서 매주 일요일마다 14회에 걸쳐 "독일국민에게 고함"이라는 강연을 하였다. 이후 그는 훔볼트 등과 베를린 대학 창설계획에 참여하였으며, 이 학교의 초대 선임총장을 역임하였다. 1813년 그는 프랑스와의 전쟁에서 병사로 참여하고자 하였으나 실패하였고, 그 다음해에 간호사로 종군한 그의 부인으로부터 감염된 발진티푸스에 의해 52세의 나이로 사망하였다.

호레이스 만은 1796년 미국 매사추세츠주 프랭클린에서 독실한 퓨리턴이자 작은 농장의 경영주의 아들로 태어났다. 그는 19살 되던 해에 우연히 배럿(Thomas Barrett)이라는 순회교사로부터 라틴어와 그리스어를 배우게 되었으며, 6개월 만에 브라운 대학 2학년 과정에 입학하게 되었다. 대학 졸업 이후 잠시 법률사무소에 취직하였다가, 대학 강사직을 거쳐 다시 리치필드 법률학교에 진학하였다. 1823년 이 학교를 우수한 성적으로 졸업한 그는 이후 14년간 유능한 변호사로 활약하였다.

만은 1824년 독립기념일 강연을 계기로 국무장관이었던 아담스(J. Q. Adams)에게 발탁되어 정치에 입문하게 되었다. 그는 주 하원의원과 상원의원, 상원의장 등을 역임하면서 박애, 자선사업, 교육개혁, 금주운동과 같은 사안에 관심을 기울였다. 특히 상원의장 재임시절에 그는 교육위원회의 창설을 골자로 하는 「공립학교에 관한 법률(An Act Relating to Common)」을 통과시켰다.

1837년 그는 그 위원회에 의해 교육감으로 선출되어 이후 12년간 재직하였다. 그는 매년 주(州)의 교육 실태에 대한 보고서를 작성하여 위원회에 제출하였는데, 이것이 바로 그의 주요 저작인 『교육연보(*Annual Report of The Secretary of the Board of Education*)』이다. 그는 이러한 실증적인 자료를 바탕으로 그의 공교육 이념을 현실화하려고 노력하였다. 1848년 그는 하원의장으로 당선되어 잠시 정계에 복귀하였다가, 임기가 종료된 직후 안티오크 대학의 초대 학장으로 취임하였다. 그는 고등교육 개혁을 열정적으로 수행하던 중 63세의 일기로 세상을 떠났다.

Ⅱ. 기본 사상: 진보와 공동체

콩도르세는 인류사회의 진보를 확신하였다. 그의 진보사관에 따르면, 인류역사는 10단계로 나뉘는데 단계가 거듭될수록 인간 정신의 일반적 진보는 더욱 현저해진다. 그중에서도 제8단계는 인쇄술의 발명, 제9단계는 프랑스 대혁명으로 표상되는 그의 시대였다. 그가 작성에 참여한 「권리선언」의 제1항은 "인간은 자유롭게, 동등한 권리를 가지고 태어났으며, 계속 이렇게 존재한다"라고 천명하고 있다. 혁명은 모든 인간의 자유와 평등을 표방하였으며, 그는 이의 완수를 위해 모든 국민에 대한 교육과 계몽을 주장하였다.

그러나 콩도르세는 다른 한편으로는 현실적인 인물이었다. 그는 공교육을 주장하면서도 사교육을 배제하지는 않았다. 오히려 사교육 덕분에 공교육이 일정한 수준을 유지해야 할 필연성을 요구받게 된다고 주장하였다. 또한 그는 부모의 정치적, 경제적 유산, 그리고 개인의 정신적 능력과 같은 현실적인 불평등을 인정하였다. 그러나 동시에 이를 개선하고자 하였으며, 특히 경제적 빈곤을 가장 큰 문제로 지적하면서 이의 해소를 교육의 중요한 목적 중 하나로 상정하였다.

피히테의 교육철학은 그의 역사철학적 인식에 기반하고 있다. 그것은 현대의 역사학처럼 사실에 대한 실증적 연구에서 도출되는 것이 아니라, 그가 주장하는 지식학의 연역적 선험주의에 토대를 두고 있다. 그에 따르면, 현재 독일의 상황은 세계사의 다섯 시기 중 제3기에 속한다. 그 제1기는 완전하기는 하지만 자유가 없는 이성의 지배에 의한 '인류의 무죄상태'이지만, 그의 시대는 개인의 이기심이 이성의 권리를 빼앗은 '완전한 죄의 상태'였다. 즉 그는 나폴레옹에 의해 점령된 독일의 불행은 독일국민들의 이기심과 그에 따른 분열에서 기인한 것이라고 진단하였다.

따라서 독일국민의 사명은 '이성이 완전히 시인되고 정화된 상태'인 세계사의 제5기로 나아가는 것이었다. 피히테는 독일국민에게 이러한 역할이 가능한 이유로, 독일국민은 로마제국에 종속되지 않았다는 점과 그에 따른 독일어의 순수성을 거론하였다. 그에 따르면, 독일민족은 독일어의 사용으로 정신적 발달이 촉진되었지만, 다른 게르만족들은 라틴어의 차용으로 로마문화에 종속되었다. 그는 독일국민의 사명을 성취하기 위한 구체적인 방안으로 국가에 의한 국민교육론을 제창하였다.

호레이스 만의 사유는 그가 살던 시대상황과 밀접하다. 미국은 독립전쟁 시기만 해도 인구의 90%가 농업에 종사하는 농업 국가였으나, 19세기 초에는 이미 산업사회로 진입하고 있었다. 영국으로부터 수입된 방적기와 휘트니(E. Whitney)가 발명한 조면기의 도입으로 섬유산업이 급격히 성장하였으며, 그 밖에 많은 공장들이 속속 건설되었다. 이러한 산업화는 이농현상과 막대한 이민자의 유입을 촉발하여 인구의 도시집중화와 그에 따른 도시빈민 문제를 야기하였다. 자본가들은 저임금과 중노동으로 노동자들을 착취하였으며, 노동자들은 이에 노조결성과 파업으로 맞섰다. 특히 소년노동의 문제가 심각했는데, 당시 16세 이하의 많은 아동들이 하루 14시간의 중노동에 시달려야 했다.

만은 이러한 사회문제의 원인을 도덕적 타락과 무지에 의한 것으로 규정하고, 이의 해결을 위해서는 교육의 개혁이 시급하다고 주장하였다. 그는 공교육의 이념을 제창하였는데, 이는 국가에 의한 교육이며 또한 비종파적 교육이었다. 그에 따르면, 국가는 사회의 발전과 복지를 위하여 후손들을 교육할 의무와 권리를 지닌다. 특정 개인이나 교회는 공공성을 담보할 수 없다. 때문에 이러한 역할에 부적합하다. 이에 따라 모든 국민들에게 교육의 균등한 기회가 주어지며, 또한 강제될 수 있다. 그는 모든 교육은 무상으로 제공되어야 하며, 국가의 세금에 의해 운영되어야 한다고 주장하였다.

Ⅲ. 교육 사상: 국민교육과 공교육

콩도르세는 「교육안」을 통해 초등학교, 중학교, 학사원, 리세, 국립학술진흥원이 위계적으로 배치된 피라미드식 학제를 제안하였다. 대체적으로 대부분의 행정적인 결정은 상급학교에서 이루어진다. 상급학교는 하급학교를 감독하고 하급학교의 교사를 양성한다. 이는 국립학술진흥원을 정점으로 한 중앙집권적 교육체제이다. 이러한 공교육 체제는 부정적인 측면에서 활용된다면, 국가에 의한 국민의 사상적 통제 수단으로 전락할 위험이 상존한다. 실제로 콩도르세와 동시대에 활동하던 미라보(Mirabeau), 르쁠레띠에(Lepeletier), 라까날(Lakanal) 등은 그러한 통제 체제의 시행을 노골적으로 주장하였다.

그의 「교육안」에서 독특한 점은 그가 모든 시민의 평생교육을 법적으로 보장한 것이었다. 국립학술진흥원에서 실시되는 정규 학기의 모든 강좌는 모든 사람들에게 개방된다. 또한 리세, 학사원의 교수와 교사는 월 1회, 중학교,

초등학교 교사는 매주 일요일 공개강좌를 제공해야 한다. 콩도르세는 사람들이 학교를 졸업한 이후 과거에 학습한 내용을 망각할 우려에도 불구하고 재교육 제도가 없었다는 점을 지적하였다. 그는 사람들의 실직에 대비하여 재취업을 위한 직업교육의 마련도 주장하였다.

피히테는 독일국민의 이기심을 극복하기 위하여 "순수한 도덕교육"을 실시해야 한다고 주장하였다. 이는 인간의 자유와 이성의 명령을 합치시키는 것, 즉 자유의 한정이자 순수의욕을 고취하는 것이었다. 그에 따르면, 구(舊)교육은 일부 계급에만 실시되고 일반 대중은 무지한 상태로 방치되었다. 내용 면에서도 인간 자체를 도야하는 데 실패하였다. 따라서 신(新)교육은 전 독일국민을 대상으로 해야 하고, 그들을 하나의 협동체로 단결시켜야 하며, 조국애를 고취시켜야 한다.

피히테는 구교육을 담당했던 교회와 가정이 국가로 대체되어야 한다고 주장하였다. 특히 그는 교회에 의한 교육은 천국의 식민지 학교로서, 그것은 국가 공동체를 위한 교육에 소홀하였다고 비판하였다. 따라서 그가 구상한 국가학교는 아이들을 위한 깨끗한 집이 되어야 하며, 병들고 찌든 가정과 교회로부터 격리되어야 한다. 학교제도의 신분차별은 모두 철폐되고, 이의 운영에 소요되는 모든 비용은 국가가 전담한다.

호레이스 만은 교육감으로 재직하는 동안, 실증적인 조사를 통하여 교육이 노동생산성을 향상시킨다는 사실을 밝혀내었다. 당시 미국에서 공교육 제도를 도입하는 데에 가장 큰 제약요인 중 하나는 자본가들의 반대였다. 그들은 공교육을 사회주의적인 것이라고 비판하였다. 그러나 호레이스 만은 자신의 조사를 근거로 자본가들을 일일이 면담하여 설득하는 노력을 지속적으로 행하였다. 그에게 교육은 자본가들에게는 질 높은 노동력의 확보를, 노동자들에게는 생활의 향상을 의미했다.

만은 공교육의 정상적인 시행을 위해서는 교사의 질 향상이 가장 시급하다고 주장하였다. 당시 공립학교의 교사들은 대체로 단순히 읽고 쓰는 능력 정도만 구비하였으며, 학교행정과 관련된 일을 처리하는 능력도 매우 낮았다. 이는 그들의 극히 낮은 급료와 해당 교육위원들의 태만한 관리 감독에 기인한 것이었다. 따라서 만은 교사들의 급료를 향상시키기 위하여 노력하였다. 무엇보다 중요한 것은 그가 주립사범학교를 창설하였다는 것이다. 이 학교는 교사지망생들에게 교과에 대한 완전한 지식, 교수방법, 학교경영능력, 교사의 도덕적 책임감을 교육하였다. 또한 그는 여교사의 활용을 적극적으로 주장하기도 하였다.

Ⅳ. 교육적 의의

콩도르세, 피히테, 만은 흔히 국가교육 혹은 공교육을 주장한 사람들로 분류된다. 그들은 18세기 말부터 19세기 중엽까지 약간의 시간차를 두고 활동하였지만, 공통적으로 국가에 의한 교육, 일반 대중, 여성을 포함한 모든 국민의 교육, 비종교 혹은 비종파 교육을 주장하였다. 이는 당시의 정치적, 경제적, 사상적 변화와 무관하지 않으며, 그에 대한 대응이라는 측면이 강하였다. 그들의 주장은 어느 정도 현실적으로 적용되면서 교육의 보편화라는 순기능에 기여하였다. 반면에 국가 혹은 자본에 의한 교육의 통제라는 역기능을 노정하기도 하였다.

넓은 차원에서 이해한다면, 현대 교육도 그 연장선상에 있다. 그렇기 때문에 국민교육, 혹은 공교육이 지닌 긍정적 측면과 부정적 측면에 대한 깊은 성찰이 필요하다.

더 읽을거리

Condorcet, M. de. 장세룡 역(2002). 『인간 정신의 진보에 관한 역사적 개요』. 서울: 책세상.

Fichte, J. G. 서정혁 역(2002). 『학자의 사명에 관한 몇 차례의 강의』. 서울: 책세상.

Fichte, J. G. 한자경 역(1996). 『전체 지식론의 기초』. 서울: 서광사.

Fichte, J. G. 황문수 역(1998). 『독일 국민에게 고함』. 서울: 범우사.

Fichte, J. G. 이신철 역(2005). 『학문론 또는 이른바 철학의 개념에 관하여』. 서울: 철학과 현실사.

Fichte, J. G. 한자경 역(1996). 인간의 사명. 서울: 서광사.

제10장 톨스토이 / 크루프스카야

Lev Nikolaevich Tolstoy, 1828~1910

Nadezhda Konstantinovna Krupskaya, 1869~1939

자유만이 모든 교육·과학적 기준으로서 우리에게 소용되는 것이다. 우리는 한걸음 한걸음 한없이 많은 퇴적 속으로부터 과학의 여러 문제 해결을 향해 전진하지 않으면 안 된다.

—톨스토이의 『국민교육론』에서

Ⅰ. 생 애

톨스토이는 러시아의 유서 깊은 명문가에서 태어나, 뚤라지역의 야스나야 뽈랴나에서 성장했다. 그가 최초로 사회와 교육의 문제에 대해 고민하게 된 것은 학창시절 루소의 책을 읽고 나서였다. 그는 루소의 영향을 받아서, 자신의 농노들이 반복되는 기근의 고통에서 벗어날 수 있도록 협동조합 원리를 가르쳤다. 이때 농노들에게 필요한 유일한 조치는 농노제도의 폐지임을 깨달았다. 그러나 기대와 달리, 해방된 농노들이 지주들로부터 더욱더 수탈당하는 것을 보았다. 레닌은 톨스토이의 작품들이 '노동계급의 적'을 분명하게 보여주고 있는 것은 훌륭하지만 톨스토이의 '사악함에 대한 비(非)저항' 철학이 톨스토이가 주도한 농노해방혁명이 실패하게 된 중대한 원인이라고 단호하게 지적한 바 있다.

크루프스카야는 러시아의 혁명가이자 교육자로, 레닌의 부인으로도 유명하다. 그녀는 레닌과 함께 러시아 혁명과 소련의 사회주의국가 건설과정에 참여한 러시아 혁명의 증인이자 혁명가였다. 그녀는 혁명기 러시아에서 1871년부터 4년 동안 페테르스부르그의 노동자 일요학교 교사로 있으면서 사회주의 교육이념의 창시자로서의 기본 소양을 갖추었다. 시베리아 유형(流刑) 이후 오랜 망명 기간 동안 그녀는 유럽의 교육현실과 교육이론을 관찰할 수 있었다.

10월 혁명 이후에는 '소련인민교육위원회' 대표로서 혁명기 러시아의 사회상황과 교육현실을 분석하고 검토하면서 '종합기술교육'에 입각한 새로운 국민교육제도를 제창하였다. 1939년 2월 세상을 떠나기 전까지 그는 혁명의 지도자였을 뿐 아니라 사회주의 교육학 이론을 정립한 탁월한 인물로 활동했다.

Ⅱ. 기본 사상: 기독교적 아나키즘과 사회주의

사상가로서 톨스토이의 사상은 일반적으로 '기독교적 아나키즘'으로 대표된다. 그는 당시 러시아 민중의 자유를 억압하는 대표적인 두 제도로 국가와 교회를 들면서, 더 이상 폭력적인 억압이 지배계층과 민중을 분리하지 않기를 원했다. 즉 톨스토이는 인간의 자유와 평등을 억압하는 모든 대상에 대항해, 국가와 교회 제도에 저항하는 길을 택했다.

기독교적 아나키즘에 기초를 두고 그는 징병제와 파괴주의자들을 비판했고, 양심적 병역거부, 절대평화주의, 무저항주의를 옹호했다. 여기에는 "'모든 사람은 신의 아들이고, 모든 사람들은 서로 형제'이기 때문에, 인류는 어느 누구나 평등하며 차별 없는 존재여야 한다"는 기독교적 가치가 중요하게 자리 잡고 있다. 이러한 톨스토이의 사상과 거기에 기초를 둔 '야쓰나야 빨랴나 실험학교'에서의 실천은 오늘날 아나키즘에 기초를 둔 자유학교들의 효시로 자주 소개되곤 한다.

크루프스카야는 톨스토이의 문헌과 사상을 접했고 그에게 영향을 받기도 했지만, 기본적으로 사회주의자로 마르크스·엥겔스의 사상에 기초를 두었다. 그녀의 최대 관심사 중 하나는 마르크스·엥겔스가 주창한 종합기술교육의 이념에 기초를 두고 제정 러시아의 비민주적인 국민교육제도를 사회주의적인 것으로 변혁하는 일이었다.

그녀는 사회주의적 세계관에 따라 종합기술교육이론을 근대적으로 체계화하고, 혁명 후 소비에트 교육제도를 통해 자신의 이론을 실천해 보기도 했다. 제정러시아의 억압에서 벗어나기 위한 길을 톨스토이가 '기독교적 아나키즘'에서 찾으려 했던 반면 크루프스카야는 '사회주의 이념'에서 그 길을 찾고자 했다.

Ⅲ. 교육 사상: 국민교육의 양상들

톨스토이의 교육활동은 크게 세 시기로 구분해 살필 수 있다.

첫 번째 시기는 1859~1862년까지로, 그는 야스나야

뾜랴나 학교에서 농민의 자녀를 가르치고 잡지 「야스나야 빨랴나」를 발간했다. 이 잡지에 민족의 교육, 읽고 쓰기, 민중 속에 학교를 발전적으로 만들어 가는 것에 대한 자신의 생각을 담았다.

두 번째 시기는 1870~1876년까지인데, 몇 년의 공백기를 거쳐 『아즈부까』(1학년 학생들의 알파벳 쓰기, 읽기 학습을 위한 교과서)와 『초등독본』 등을 만들어 다시 어린이들과 수업하였다. 교사들에게 교수법을 도입하고, 민중의 교육과 관련된 사회활동에 참여하였다.

세 번째 시기는 1880년 이후의 시기로, 그는 이 시기에 어린이 종교교육의 필요성을 주장하면서 교육문제에 대한 의견을 여러 번 표명하였다. 그리고 『매개자』라는 출판활동에 참여하였다. 그는 직접 1907년에서 1908년까지 어린이들과 수업을 진행하면서 교육(양육), 학교의 자유, 노동과 교육, 교사의 역할 등과 같은 교육학적 주제에 관한 성찰적 논문을 썼다.

꾸닌은 톨스토이의 교육철학에 대해 아래와 같이 말하고 있다.

> ① 학교에는 어떤 강제도, 어떤 벌칙도 없으며, 학생이 따라오든 말든 일정한 기간 내에 뽑아야 할 진도가 있는 것도 아니고, 반드시 성취해야 할 표준화된 학업 수준도 없으며, 학생들의 책상에 놓인 것은 오직 '자연'과 '인생' 그 자체였다. ② 학생 스스로 지식을 탐구해야 하며, 개성을 파괴

할 뿐인 교사의 강제나 국가의 강제가 있어서는 안 된다. ③ 교육은 "자연과 인생을 안내하는 것이지, 일정한 자연관이나 인생관을 주입하는 것이 아니며, 학생의 원래 순수했던 영혼을 유지하고 풍요롭게 하는 데 도움이 되어야 한다. 그리고 모든 지식과 윤리를 일상생활의 행동을 통해서 배우도록" 했다.

그렇지만 19세기 중엽 전제군주의 통치 아래 있던 러시아 학교들은 자율성이 거의 없는 감옥 같은 학교였고, 장차 국가 관리를 양성하기 위한 강제체제였지, 진정으로 아이들이나 농노 등 하층계급을 위한 곳은 아니었다. 톨스토이는 국가교육이 민중을 구제할 것이라고 선동하는 지배자들의 속셈을 꿰뚫고 있었으며, 민중들이 자기 자식들의 인생을 상당 부분 통제하려는 국가에 맞서 저항하는 과정을 직접 목격했다. 당시 국가교육은 지배계급만을 위한 교육이었거니와 일반 대중들에게는 체제 순응적인 교육이었다. 따라서 그는 억압적 국민교육에 대해 개인의 상상력과 창의력에 기초한 자신의 교육철학을 실천하기 위해 뚈라에 학교를 열었다.

꾸닌의 논의를 토대로 톨스토이의 학교에 내재된 그의 교육 사상 중 핵심을 다음과 같이 정리해 볼 수 있다.

첫째, 학교는 비폭력과 협력의 교육, 교사와 학생, 학부모의 상호존중에 토대를 둔 일종의 '실험학교'로 기능한다. 학교는 교육의 도구이자, 항상 새로운 결론을 제공하는 젊은 세대에 대한 경험이어야 한다. 경험이 학교의 기초가 될 때, 말하자면 각각의 학교가 교육적 실험실이 될 때, 오직 그때에만 학교는 전체적인 진보로부터 뒤처지지 않게 되며, 경험은 교육의 여러 학문을 위한 굳건한 기초들을 놓는 상태에 있게 된다.

둘째, '교육실험'의 핵심이자 톨스토이 교육 사상의 토대는 인간의 이성적, 인식적 시작과 도덕적, 감성적, 의지적 시작이 통일적으로 발전하는 속에서 건설적이고 창조적인 인성을 교육하는 것이다. 따라서 오늘날 톨스토이 사상에 토대를 둔 학교는 예술 과목을 가르치는 데 주의를 기울인다.

셋째, 어린이를 양육, 교육, 발전시키면서 혹은 어린이에게 영향을 끼치면서 우리는 한 가지 목표를 무의식적으로 가지고 있는데, 그것은 최대한 진(眞)·선(善)·미(美)를 조화시키는 것이다.

넷째, 톨스토이 교육의 핵심은 또한 "학생이 잘 배우기 위해서는 기꺼이 배우게 하는 것이 필요하다. 그가 기꺼이 배우기 위해서는 학생에게 가르치는 것이 이해되고, 흥미 있게 하는 것, 학생의 마음의 힘이 가장 유리한 조건들 속에 있게 하는 것이 필요하다"는 말에 잘 드러나 있다. 학생의 마음의 힘이 가장 유리한 조건들 속에 있게 한다는 것은 교사와 학생들 사이에 좋은 관계, 협력의 상호관계가 되게 하는 것이다.

크루프스카야의 대표 저작은 마르크스주의적 시각에서 쓰인 최초의 짧은 교육사인 『국민교육과 민주주의』이다. 교육이론과 관련해 크루프스카야는 구조화되기보다 유연성이 있고 개별 학생들의 개성 발달과 교사-학생 관계의 중요성에 초점을 둔 톨스토이의 교육론에 이끌렸으며, 불필요한 사치를 삼가고 농노제를 비판하며 평화이념을 중시했던 톨스토이의 많은 문헌을 공부하기도 했다. 여기서 '국민교육'의 개념은 본래 부르주아 혁명기에 봉건귀족을 비롯한 특권계급에게 독점된 교육을 부르주아 혁명으로 탄생한 국민국가 차원에서 모든 국민에게 확대시켜야 한다는 생각에서 출현했다.

그러나 부르주아 혁명 이후에 시행된 국민교육제도는 부르주아의 계급적 이해관계에 의해 부르주아 계급이 포함된 새로운 특권계급을 위한 교육으로 왜곡되었다. 크루프스카야는 러시아 10월 혁명 이후에 새롭게 탄생한 소비에트 정권의 인민교육위원회에서 일하면서 근로인민대중이 중심이 된, 진정한 의미의 '국민교육'을 제창한다. 그리고 크루프스카야는 단일직업기술교육이 아닌 종합기술교육을 통해 이를 구현하고자 했다.

지배계급은 지배체제를 유지하고 강화할 목적으로 학교제도를 조직하고 엘리트 계층의 자제들 가운데 유능한 사람을 선발하여 후계자를 양성하고, 노동계층을 위해서는 읽기와 쓰기 정도를 가르치는 것만 목적으로 한다. 따라서 크루프스카야는 민주적 학교제도의 실현은 노동자계급이 집권할 때 비로소 가능하다고 보았다. 그리고 노동자 계급이 집권한다면 학교교육의 목적이 전면적으로 발달된 인간의 형성이 되는 만큼, 생산노동과 교수를 결합한 종합기술교육을 통해 그 목적을 실현시키고자 했다.

또한 크루프스카야는 여성노동자의 해방을 촉진시키는 하나의 중요한 대책으로 탁아소, 유치원 같은 사회교육시설의 역할 및 확충을 강조했고, 어릴 때부터 협동생활의 기초가 되는 노동의 가치를 인식하며, 창조적인 생산노동의 즐거움을 느낄 수 있게 지도해야 한다고 주장했다.

Ⅳ. 교육적 의의

톨스토이와 크루프스카야는 20세기 초 러시아 혁명을 전후하여 활동했다. 우리에게 익숙하지 않은 그들의 교육사상은 다음과 같은 시사점을 준다.

첫째, 톨스토이는 강제된 규율과 주입식 교육에 의존하는 기존 학교의 문제점을 비판하며 그와 다른 형식의 교육이 가능하다는 점을 지적했다.

둘째, 톨스토이와 크루프스카야 모두 교육목적으로 인간의 전면적 발달을 강조했으며, 국가주의 교육과 자본주의에 입각한 교육이 그 목적 실현을 어렵게 할 수 있다는 점을 우리에게 제시했다.

셋째, 두 사람 모두 교육내용으로 주입식 교육에서 강

조하는 지적 교육 대신 생산노동과 정신노동이 서로 통합된 교육을 강조했다.

넷째, 톨스토이가 일상생활의 행동을 통해 지식과 윤리를 배우게 하고, 크루프스카야가 실생활과 결합된 유용성 있는 노동과 결합된 교육을 강조한 점은 우리에게 학교 담장 안에 매몰된 교육 대신 삶과 결합되고 소통하는 교육의 중요성을 전해 준다.

더 읽을거리

Tolstoy, L. N. 김병철 역(1983). 『예술론/참회록/인생론/신앙론/교육론』. 서울: 을유문화사.

Tolstoy, L. N. 채수동·고산 역(2005). 『인생이란 무엇인가』. 서울: 동서문화사.

Tolstoy, L. N. 김학수 역(1975). 『종교론·국민교육론』. 서울: 서문문고.

Krupskaya, N. K.(1989). 한신대학 제3세계문화연구소 역(1989). 『국민교육론』. 서울: 돌베개.

제11장 듀이

John Dewey, 1859~1952

교육의 대상인 개인은 사회적 개인이며
사회는 개인의 유기적 통합체이다. 우리가
아동으로부터 사회적 요소를 제거한다면
남는 것은 하나의 추상체뿐이고,
사회로부터 개인적 요소를 제거한다면
남는 것은 활기없는 집단뿐이다.

—『나의 교육신조』에서

Ⅰ. 생 애

듀이는 1859년 미국의 버몬트에서 태어났다. 15세 때 버몬트 대학에 입학한 그는 평범했지만 철학에 두각을 드러냈다. 대학을 졸업하고 짧은 교사생활을 경험한 후 존스홉킨스 대학 대학원에 진학하였는데, 이때 프래그머티즘의 창시자로 알려진 퍼스(C. Peirce)의 지도를 받으며 철학, 심리학을 공부하여 박사학위를 취득했다. 박사학위 취득 후, 미시건 대학 교수를 역임한 그는 1894년 시카고 대학에서 본격적으로 자신의 사상을 펼치게 된다.

교육학의 지위를 강화하는 동시에 철학과 심리학의 연결을 모색하던 그는 자신의 제안으로 설립된 시카고 대학 부설 초등학교에서 그의 교육 사상을 실천하였다. 이후 듀이는 콜롬비아 대학에서 연구 및 교수에 몰입하며 『민주주의와 교육(*Democracy and Education*)』, 『학교와 사회(*The School and Society*)』, 『아동과 교육과정(*The Child and the Curriculum*)』, 『경험과 교육(*Experience and Education*)』 등 많은 저작을 남겼다. 1930년 정년퇴직 후에도 꾸준한 학술활동과 사회활동을 지속해 온 그는 1952년 93세로 생을 마감했다.

Ⅱ. 기본사상: 프래그머티즘

듀이는 자신의 철학을 '과학'(science)이라고 말한 적이 있다. 이는 철학에 대한 듀이의 사고를 드러내고 있다. 그가 말한 과학은 화학이나 생물학 등 자연과학에 국한된 것이 아니라 전통철학에서 말하는 이성(reason)까지 아우르는 포괄적인 개념이다. 프래그머티스트인 스승 퍼스와 윌리엄 제임스(W. James)의 영향을 받은 듀이는 자신의 사상 기반을 프래그머티즘에 두고 있다. 프래그머티즘에 따르면 모든 인간은 반성적 사고(reflexive thinking)를 통하여 휴식과 평형을 유지하고 환경에 적응하려고 한다.

듀이는 인간의 사고를 크게 두 가지로 나누었다. 하나는 마음속에 스치고 지나가는 일종의 의식 없는 사고이며, 다른 하나는 특정 문제를 접했을 때 철저하게 그 문제를 탐구하는 사고이다. 여기에서 듀이가 말하는 반성적 사고란 인간의 정신 속에서 문제를 발견하고 심사숙고하여 탐구하는 사고를 의미한다. 이때 반성적 사고는 과학적인 방법으로 수행되는데 통제, 실험, 객관적 테스트의 과정을 거친다. 듀이는 이러한 과학적 방법을 모든 인간 활동에 적용하려고 하였다.

프래그머티즘을 수용한 듀이는 도구주의(Instrumentalism)를 제안한다. 도구주의란 지식을 인간이 실현하려는 목적을 위해 사용되는 도구로 간주하는 입장이다. 즉 절대

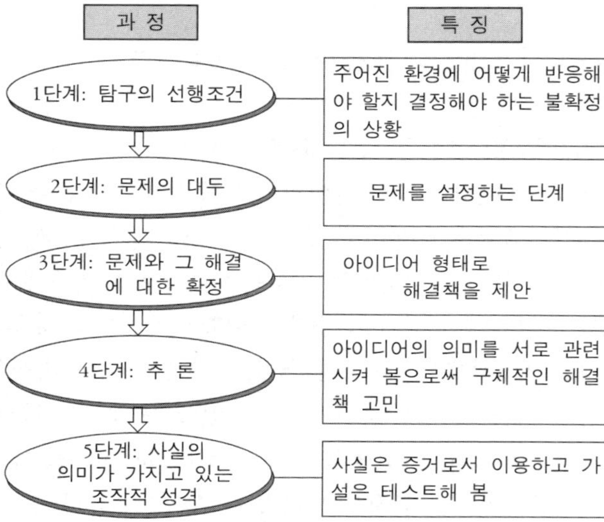

<그림 4> 문제 해결의 탐구과정

적인 지식이란 존재할 수 없다. 지식은 새로운 상황에 적응하려는 개인이 자신의 삶 속에서 경험을 통해 얻는 것이다.

듀이는 개별적으로 성취되는 지식에 대하여 5단계의 반성적 사고를 제시하였다. 그것은 ① 제안 ② 명료화 ③ 가설 ④ 가설 추론 ⑤ 실천에 의한 가설검증이다. 특히 듀이는 경험에 기초한 지식을 추구한다.

이때 개인이 접하게 되는 실제 문제에 대한 해결 및 실천은 이론적으로 충분한 숙고가 이루어져야 하며, 이론의 범위 내에서 실천되어야 한다.

하지만 듀이가 자신의 철학을 과학이라고 할 때 그것은 방법적 측면에만 국한된 것은 아니다. 과학의 특성인 객관성, 정직, 자유, 그리고 개방성을 함축한다. 민주주의 역시 과학적 방법의 정치적 표현이다. 이에 듀이는 민주주의의 유목적성, 객관성, 자유, 규율, 개별적 숙고 및 공공의 검증 등을 중시하였다. 따라서 듀이의 철학에서 민주주의는 과학과 더불어 절대적으로 자리매김된다.

Ⅲ. 교육 사상: 민주주의와 교육

듀이는 '교육의 목적은 교육 그 자체에 있다'고 주장한다. 그렇기에 교육의 목표는 반성적이고 창조적이며 책임감 있는 사유를 하는 인간 양성에 초점이 모아진다. 듀이가 말하는 반성적 사고는 그가 추구하는 프래그머티즘의 과학적 방법인 동시에 교육과 관계된다.

듀이에게 과학은 두 가지 측면에서 교육에 영향을 미친다. 하나는 듀이의 교육 사상 전반에서 확인할 수 있다. 그것은 과학을 반성적 사고의 모델로 보면서 그 실천성 및 가설 검증방식에 의하여 확립한 것이다. 다른 하나는 과학이 교수단계에서 교육적 방법론으로 활용되는 점이다. 듀이가 제시한 교육방법인 프로젝트 학습법(project method: 문제해결식 학습법, 과제해결식 학습법, 구안법이라고도 한다)이란 학습할 가치가 있는 특정 주제에 대하여 소

집단의 학생들이 흥미를 가지고 협력하여 심층적으로 연구하는 목적-지향적 활동이다. 프로젝트 학습법의 교수법은 과학적 방법의 반성적 사고 5단계와 상통한다. 특히 퍼스가 제안한 실질적인 필요(felt needs)를 바탕으로 요구를 감지한 이후, 가설 확립 및 수행을 통한 검증이 그것에 해당한다.

도구주의 및 프래그머티즘에 기초한 듀이의 교육 사상은 '경험(experience)'에 높은 가치를 매긴다. 기존의 인식론이나 형이상학을 거부하고 실제적 경험과 실천을 강조한 듀이는 과학적 방법을 바탕으로 지식을 성취하는 도구주의를 지향하였다. 이때 경험은 행동, 기능, 습관, 적응의 문제에 해당한다. 그것은 인간과 환경의 상호작용이라고 볼 수 있는데, 듀이는 심리학적 상호작용과 더불어 사회적, 문화적 측면을 강조한다.

경험을 중시한 듀이의 사상은 교육에 그대로 적용되어, 기존의 주지주의 교육을 반대한다. 대신 생활을 통한 학습, 활동 중심, 행위 중심의 교육을 표방하였다. 이때 경험은 교사주도로 제공되는 활동이 아니라 아동의 학습동기 및 흥미를 바탕으로 이루어지는 자율적 학습이다.

듀이는 또한 개별인간의 다양성을 고려한다. 개인의 능력(ability) 혹은 관심(interest) 등을 존중하며 상황 및 환경을 고려한 개별 성장을 중시하였다. 이때 교사는 학생에게 지식을 일방적으로 제공하는 것이 아니며, 교사와 학생은 상호작용한다. 또한 개인과 환경 간의 조화를 지향한 듀이의 교육은 지역사회의 일원으로 타인과의 조화를 위한 민주적 경험을 중시하는 교육으로 발전한다.

마지막으로, 듀이의 교육철학에서 중시된 개념은 '변화'이다. 듀이는 '건강한 인간이란 완성된 존재가 아니며 지속적으로 성장하는 존재다'라고 주장하였다. 이때 '성장(growth)'은 '변화'를 전제로 한다. 즉 기존의 권위나 고정관념으로 인하여 과거의 가치에 제한되거나 만족하지 않고 계속적으로 발전을 지향하기 위하여 끊임없는 변화가 요청된다.

변화의 관점에서 인간의 성장은 경험 축적의 결과이다. 여기에서 교육은 전통 혹은 진보적 교육에 편향되기보다는 '상호중개 가능성', 즉 경험을 통하여 양쪽을 종합하고 조화를 이루어야 한다. 이와 관련하여 듀이는 교육에 대한 어떤 특정한 '주의(ism)'에 입각하여 교육적 사고를 하지 말고, 끊임없이 각 시대와 상황에 맞는 교육을 추구하라고 권고하였다.

Ⅳ. 교육적 의의

듀이의 교육철학 및 사상은 교육학에 지대한 영향을 끼쳤다. 이 중에는 일리치(I. Illich), 혹은 교육자들의 무목적성을 비판한 실버만(C. Silberman)과 같은 급진주의 교육사상가도 있다. 사회철학적 측면에서 콜버그(L. Kohlberg)

의 도덕이론 등도 듀이의 영향을 받았다. 그러나 듀이의 교육 사상은 그의 상대적 진리관으로 인하여 전통철학의 절대적 진리관에 입각한 이들로부터 많은 비난을 받았다. 교육 사상적 측면에서 미국의 항존주의자들은 듀이의 교육 사상의 반지성적 측면, 학문적 훈련이 결여된 측면을 비판하였다.

그러나 그가 제시한 교육에 대한 평가는 그의 교육론이 바탕하고 있는 프래그머티즘에 대한 올바른 이해가 선행될 때 가능하다. 프래그머티즘은 종종 실용주의로 번역되기도 한다. 그러나 일반적 의미의 실용주의는 일상생활에 기초하여 상황성을 중시하므로 산만하고 비체계적이다. 프래그머티즘은 이런 실용주의와 구별되어야 마땅하다.

듀이가 제시하는 프래그머티즘, 혹은 도구주의는 과학적 방법에 준하는 이론의 실천이다. 일상생활의 실천성은 실험실의 이론에 대립되는 개념이지만 듀이가 제시하는 실천은 이론을 바탕으로 한 실천이다. 따라서 듀이가 철학은 '사고'(by thinking)보다는 '행동'(by doing)에 의한 것이라고 할 때, 그 행동은 무작위적, 혹은 '시행착오적 방법'에 의거하는 것만은 아니다. 따라서 그의 교육 사상은 '실험적 탐구'방법에 유의하여 이해되어야 한다.

때로는 프래그머티즘에 기반을 둔 듀이의 교육 사상이 진보주의 교육 혹은 아동중심교육이라고 명명되기도 한다. 물론 프래그머티즘 교육관과 진보주의 교육관은 엄밀한 의미에서 차이가 있다. 그러나 교육이 전수해야 할 내용지식이나 방법에 국한되기보다는 교육의 대상인 인간에 중점을 두고 있다는 측면에서 진보주의라는 용어도 쓸 수 있다. 듀이에 의하면 교육에서 성장은 곧 아동의 성장이다. 교육을 통한 아동의 성장이 바로 사회적 지위 향상으로 받아들여지는 오늘날 교육 세태에서, 아동의 관심과 흥미를 존중한 듀이의 교육 사상은 유의미하다.

마지막으로 듀이의 교육 사상은 인간의 다양성을 존중하고 있다. 이는 인간의 개성존중 및 가치관 형성에 관한 교육적 시사점을 제공한다. 인간의 다양성을 바탕으로 듀이는 민주주의를 옹호하였다. 특히 기존 학교제도의 부적절성과 불평등을 해소하기 위하여 듀이는 허친스가 주장하는 귀족주의적 정예 교육을 배격하며 사회적 소수자들을 위한 교육을 제안하였다.

더 읽을거리

Dewey, J. 이인기 역(1988). 『학교와 사회』. 서울: 박영사.

Dewey, J. 박철홍 역(2002). 『아동과 교육과정, 경험과 교육』. 서울: 문음사.

Dewey, J. 류명걸 역(2003). 『흥미와 노력』. 서울: 용성출판사.

Dewey, J. 이홍우 역(2007). 『민주주의와 교육』. 서울: 교육과학사.

Dewey, J. 이재언 발췌역(2003). 『경험으로서의 예술』. 서울: 책세상.

제12장 프로이트

Sigmund Freud, 1856~1939

아이들은 성에 관심이 없는 존재라는 신념에 인류가 그토록 오랫동안 매달려 있었다는 것은 놀라운 일입니다.

—『새로운 정신분석 강의』에서

I. 생 애

프로이트는 1856년 현재 체코의 동부에 있는 프라이베르크에서 태어났다. 그의 부모는 모두 유대인이자 유대교인이었으나 그는 평생 신앙을 가지지 않았다. 그럼에도 불구하고 그의 민족적·종교적 혈통은 생애에 영향을 끼친 가장 중요한 요인 중 하나였으며, 그 스스로도 그것을 확실하게 자각하고 있었다.

프로이트가 3세 때 그의 가족들은 고향을 떠나 라이프치히로 갔다가 이듬해 오스트리아의 빈에 정착했다. 이후 프로이트는 나치의 탄압을 피해 런던으로 이주하기 전까지 거의 전 생애를 이 도시에서 보내게 된다. 아홉 살에 김나지움에 들어간 그는 최우등생으로 학창시절을 보냈으며 1873년 빈대학에 입학했다. 그가 의학이라는 전공을 선택한 동기는 정확하게 밝혀져 있지 않지만, 프로이트가문의 빈궁한 삶이 중요한 이유 중 하나였음은 미루어 짐작할 수 있다. 경제적 어려움으로 인해 그는 약혼녀와의 결혼도 4년 이상이나 미루어야만 했다.

3년간의 학부수업을 마친 그는 학자로서 깊은 감명을 받았던 에른스트 브뤼케의 생리학연구소에 들어갔다. 프로이트는 이 연구소에서 순수한 학자로서 남고 싶어했으나 경제적 문제로 인해 1882년 빈종합병원에서 수련의 생활을 시작한다. 그리고 여기서 만난 정신과 교수 마이네르트 및 1885년 파리유학 시 지도교수였던 신경병 분야의 세계적인 권위자 샤르코는 프로이트가 이후 정신분석학을 창시하는 데 결정적인 단초를 제공한 인물들이다.

1886년 빈으로 돌아온 프로이트는 신경질환 전문의로 개업한다. 치료과정에서 그가 흥미를 느꼈던 환자들은 뇌의 물리적 손상에 의한 사람들이 아니라 심리적 내상에 의해 고통받는 사람들이었다. 그는 자신이 배운 신경학의 방법-전기치료나 최면술-으로는 그들을 치료할 수 없음을 깨닫고 요제프 브로이어의 도움을 받아 "자유연상"이라는 치료법을 개발하였다. 그리고 신경증의 원인이 성적(性的)인 문제에 있다는 것도 발견하게 된다. 이와 같은 연구결과들은 1895년 출판된 『히스테리 연구(*Studien ueber Hysterie*)』를 통해 발표되었으나 의학계에서는 이 저작에 대해 비난에 가까운 혹평을 가했다.

프로이트 스스로도 이 당시에 히스테리의 원인으로 상정하고 있었던 "딸에 대한 아버지의 성적 유혹"이라는 가설에 의심을 품게 된다. 결국 예전부터 수행해 오던 자기분석-이는 주로 꿈에 대한 분석이다-의 결과 속에서 그 실마리를 찾아낸다. 1897년 신경증환자의 특이현상으로서가 아니라 인류의 보편적 유아경험으로서의 오이디푸스 콤플렉스를 발견한다. 꿈이란 다름 아닌 심리적 과정을 통과하면서 억압했던 욕망을 실현시키는 장치인 것이다.

이듬해인 1898년에는 치료수단으로서의 '자유연상법'을 완성하기에 이른다.

프로이트는 이러한 연구성과들을 1899년부터 1905년까지 출판된 저작들—1899년의 『꿈의 해석(*Die Traumdeutung*)』, 1904년의 『일상생활의 정신병리학(*Zur Psychopathologie Des Alltagslebens*)』, 1905년의 『성이론에 관한 세 가지 에세이(*Drei Abhandlungen Zur Sexualtheorie*)』와 『농담과 무의식의 관계(*Der Witz und seine Beziehung zum Unbewussten*)』—을 통해 소개했다. 그러나 결과는 맹렬한 비난으로 돌아왔다. 그런 가운데 소수이지만 진지한 학문적 동료들을 만날 수 있는 계기가 되기도 했다.

1902년에는 "빈 정신분석협회"의 모태인 "수요심리학회"가 결성되었으며, 1907년에 융—전유럽적인 명성을 얻고 있었던 스위스의 정신병원 부르크횔츨리의 의사였다—이 프로이트의 제자가 된 것은 정신분석학이 국제적 인정을 받기 시작했음을 보여주는 상징적인 사건이었다. 1909년의 미국강연은 그와 같은 사실을 확인시켜 주는 일이었으며, 1910년에는 마침내 "국제정신분석학회"가 결성된다. 그러나 이 학회는 결성 이래 줄곧 내분에 시달려야 했다. 프로이트와 정신분석학에 대한 일면적 공감으로 모인 구성원들은 구성원들 사이에, 그리고 프로이트와의 관계에서 여러 가지 의견대립을 보였다. 이러한 문제는 프로이트의 가장 탁월한 제자였던 아들러와 융이 학회를 탈퇴하는 것을 시작으로 끊임없이 프로이트를 괴롭히게 된다.

그럼에도 불구하고 그의 연구는 중단 없이 계속되었다.

특히 개인적 차원에서의 정신분석학적 원칙들을 인류사적 관점으로 확장하는 작업은 1913년 출판된 『토템과 터부』에서 최초로 시도된 이래, 1929년의 『문명 속의 불만』, 1938년의 『모세와 일신교』 등 말년에 이르기까지 그의 주요한 연구내용이 되었다. 이러한 연구성과들은 1920년대 중반을 넘어서면서 점차 보편적인 인정을 받기 시작했으며 1930년 그에게 수여된 괴테상은 그를 확인시켜 주는 증거였다. 1938년 나치의 탄압을 피해 런던으로 이주한 프로이트는 이듬해인 1939년 구강암으로 사망했다.

Ⅱ. 기본 사상: 무의식의 발견

프로이트를 사상가의 범주에 넣는 것은 정확하지 않은 분류일 수 있다. 그는 평생을 과학자라는 자각 속에 살았으며, 그가 생각하는 과학이란 엄밀한 의미에서 경험과학이었다. 그가 각고의 노력으로 정립하고 가공했던 정신분석학의 개념들과 가설들은 경험 가능한 대상들에 대한 관찰과 분석을 통해 얻어진 것이었으며, 그 증명 또한 경험적 방법을 통해 이루어졌던 것이다.

사실상 프로이트 정신분석학의 핵심은 "인간은 자신의 정신세계를 알지 못한다"라는 단순한 명제로 정리될 수 있을지도 모른다. 그가 발견해낸 오이디푸스 콤플렉스는 유아기의 성욕을 적절하게 억압하기 위해 아이 스스로가 수년에 걸쳐 써나가는 심리적 드라마이다. 이 최초의 억압이 '무의식'을 만들어내며, 그것이 적절히 이루어지지 않은 사람들은 성인이 되어서도 그 영향으로 고통받게 된다. 히스테리나 강박증과 같은 신경증들은 부적절한 억압의 상처가 외부로 드러나는 증후이다. 정상인들에게서 나타나는 말실수, 농담 역시 최초의 억압과 무의식의 존재를 드러내주는 증거들이다. 특히 꿈의 경우는 억압된 성적 욕구를 심리적으로 해결하는 장치이다.

인간의 사고와 행위들은 이러한 무의식과 의식의 타협에 의해 결정된다. 그러나 인간은 무의식의 존재 자체를 인지하지 못하므로 자신의 정신세계를 알 수 없다. 프로이트가 발견해 낸 것은 바로 그 '무의식'이다. 이 단순한 발견이 의미를 가지게 되는 이유는 전 인류사에서 그 무의식의 존재가 인지되지 못했거나 무시되어 왔다는 단순한 사실 때문이다.

사상가로서의 프로이트의 면모는 그 단순한 발견을 사실로서 인정하기를 거부하는 도덕적·인종적 편견들—유아성욕의 존재에 대하여 도덕적 거부감을 드러냈던 최초의 인물은 프로이트 자신이었다—을 극복해 냈다는 데에 있을 것이다. 아울러 정신분석학이 사상으로서의 자격을 가지고 있다면 그 분과 내적인 내용에 의한 것이라기보다 전 학문영역에 불러일으킨 '효과'를 통해 얻어진 것이다.

인간의 정신세계를 계몽될 영역으로 파악하고 아직 미

계몽된 영역은 학습과 교육을 통해 계몽될 수 있다, 결국 '인간의 정신세계는 합리적으로 이해 가능하다'는 전제 위에 성립된 대부분의 학문체계들은, 프로이트의 발견에 의해 그 전제를 다시 사고해 보지 않을 수 없게 되었다.

Ⅲ. 교육 사상: 성적 욕구와 심리적 해결

프로이트는 정신분석학과 관련하여 '교육'이라는 기제에 별다른 기대를 하지 않았다. 이는 그가 정신분석과 교육의 차이를 정확하게 이해하고 있었기 때문이다.

인간은 보통 두 가지 형태로 무의식과 의식 간의 타협을 이루어낸다. 첫째는 성적 욕구의 에너지를 다른 형태의 사회적 실현을 위한 에너지로 변형시키는 것—승화—이다. 둘째는 개인심리의 차원에서 그 욕구를 해소하는 것—대표적으로 꿈—이다. 정신분석의 대상은 이 두 가지 작업을 공히 수행하지 못하는 사람들이며, 목적은 그들이 그 작업을 잘 수행할 수 있도록 돕는 것—치료—이다. 이는 보편적 인간을 대상으로 이상적 인간을 형성하려는 교육과 정신분석을 구별해 주는 중요한 변별점이 된다.

보통 교육학에서는 승화의 작업을 교육적 실천의 형태로 사고하려는 경향이 강하다. 정상인들의 경우 외부의 도움 없이 스스로의 능력으로 그것을 수행한다. 환자의 경우는 외부의 도움을 통해서도 거의 그 작업을 할 수 없다.

이런 점에서 승화를 교육적 실천의 형태로 이해하려는 태도는 문제가 있다. 다만 공식적인 교육기간 동안 발생하는 교수-학습의 실패가 교육행위자체에 원인이 있는 것이 아니라, 교육기간 이전 시기에 형성된 교수자 혹은 학습자의 심리적 문제에 원인이 있을 수도 있다는 가정! 그것을 이론적으로 입증해 준다는 것은 분명 정신분석학의 중요한 성과라 할 수 있다. 물론 이 경우에도 문제의 해결은 교육에 의해서가 아니라 정신분석을 통해 달성되어야 한다.

Ⅳ. 교육적 의의

현대 교육학에 프로이트가 미친 영향 — 프로이트 스스로가 그에 동의할지의 여부는 차치하고 — 은 크게 두 가지로 살펴볼 수 있을 것이다. 첫째는 교육심리학의 영역이다. 흔히 '심리성적 발달 이론'이라고 불리우는 프로이트의 아동성욕의 변화과정에 대한 이론은 인간의 발달에 관한 교육심리학의 이론 형성에 큰 영향을 미쳤다. 둘째는 교육사회학 혹은 교육과정학의 영역이다. 그 분야의 주요한 이론으로서 갈등론 — 혹은 그것이 주목하는 '잠재적 교육과정' — 의 형성은 마르크스의 사회이론뿐만 아니라 이데올로기가 작동하는 공간으로서의 무의식에 관한 이론인 정신분석학이 없었다면 불가능했을 것이다.

프로이트에 대한 이와 같은 교육학적 수용들이 그를

정당하게 계승했는가의 여부는 좀 더 확장된 논의를 필요로 한다. 한 가지 짚고 넘어가야 할 것은 교육의 실패를 전적으로 학습자의 인지적 요인으로 귀속시키고 책임을 지우려는 심리학적 시도들은 분명히 반(反)프로이트적이라는 사실이다. 부모의 사회경제적 요인에 의한 학업성취도의 차이를 학습자에게 전가해서는 안 되는 것처럼, 의식형성 이전에 발생한 문제들의 책임을—비록 그 문제를 만들어낸 것은 학습자 본인이지만—학습자에게 묻는 것은 부당한 일이다.

프로이트 정신분석학의 진정한 교육적 의미는, 학습자에 대한 선험적 미화도, 실증주의적 판단도, 그들을 대하는 데 부당한 것이라는 기본적인 사실을 일깨워주는 데 있다.

더 읽을거리

Freud, S. 김인순 역(2003). 『꿈의 해석』. 서울: 열린책들.

Freud, S. 김정일 역(2003). 『성욕에 관한 세 편의 에세이』. 서울: 열린책들.

Freud, S. 윤희기 · 박찬부 역(2004). 『정신분석학의 근본개념』. 서울: 열린책들.

Freud, S. 임홍빈 역(2004). 『정신분석강의』. 서울: 열린책들.

Freud, S. 정장진 역(2003). 『예술, 문학, 정신분석』. 서울: 열린책들.

제13장 피아제/몬테소리

Jean Piaget, 1896~1980

Maria Montessori, 1870~1952

교육에서 새로운, 활동의 방법들은
아동들 사이에서 아동끼리의 관계에 기초한다.
공동탐구, 자기통치 등등은 지적·도덕적
모든 분야에서 협력을 내포하고 있다.

—피아제의 『교육론』에서

Ⅰ. 생 애

피아제는 1896년 스위스 뇌샤텔의 작은 대학촌에서 태어났다. 어려서 그는 자연에 대해 관심이 많았다. 그러나 청년기에 베르그송(H. Bergson)의 철학을 접한 후, 점차 생물학에서 인식론(epistemology)으로 학문적 관심사를 바꾸게 된다. 피아제는 인식론의 기본적 질문인 '지식은 무엇인가', '지식은 어떻게 얻어지는가'에 대한 해답을 찾고자 하였다. 그러나 철학적 접근으로는 한계가 있으며 철학과 과학을 연결해야만 지식의 속성을 온전히 파악할 수 있다고 보았다. 이에 철학과 과학을 연결하는 고리로서 실험 철학(experimental philosophy)의 필요성을 절감하고, 정규 학위 과정을 마친 후 심리학을 공부하였다.

심리학을 공부하게 되면서 프로이트(S. Freud)와 융(K. Jung) 등의 사상을 접하게 된 피아제는 나중에 정신분석과 아동심리에 관한 연구를 수행하게 된다. 40년 동안 아동의 인지 발달 과정에 대한 연구를 통해 인식론의 기본 토대를 마련한 피아제는 말년에 다시 인식론의 이론적 문제들로 돌아온다. 말년에도 꾸준히 왕성한 연구를 계속한 피아제는 2만 페이지가 넘는 방대한 저술을 남기고, 84세가 되던 1980년 9월 16일에 타계하였다.

몬테소리는 1870년 이탈리아에서 태어났다. 피아제와 마찬가지로 그 역시 고등학교 때까지 생물학에 관심을 갖고 있었다. 그리하여 의과대학에 진학하여 1896년 이탈리아 최초의 여성 의사가 되었다. 그러나 몬테소리는 로마대학교 정신병원에서 아이들의 비참한 상황을 목격하게 되면서 삶의 전환을 맞이한다. 즉 불행한 아동들을 도와주겠다고 결심하고 자신의 연구관심사를 의학에서 교육학으로 바꾸었다.

그녀는 1900년에 로마대학 철학과에 재입학하여 교육학, 위생학, 실험심리학의 연구에 전념했다. 의사로서의 다양한 경험은 그가 교육에 대해 과학적이고 실증적으로 접근하게 되는 밑바탕이 되었다.

이후 몬테소리는 대학을 졸업하고 1907년 로마의 노동자 거주지역인 산 로렌초(San Lorenzo)에 어린이집을 개원하여 로마 하류계층 어린이들을 돌보기 시작했다. 몬테소리 학교는 많은 이들의 관심을 끌었으며, 그녀는 1909년에 『과학적 교육학의 방법론(*Il metodo della pedagogia scientifica*)』을 저술하며, 자신의 교육방법을 이론화하였다.

두 차례에 걸친 세계대전 속에서도 그녀는 국제 평화를 호소하는 등 꾸준히 활동하며 자신의 교육이론을 전파했다. 그리고 1952년 네덜란드에서 생을 마감했다.

Ⅱ. 기본 사상: 발생적 인식론과 실증주의

피아제는 인간의 인식과정이 철학을 통해서만 해명될 수 있다고 생각하지는 않았다. 오히려 철학을 통한 인식과정의 설명은 객관적 증명 과정이 결여된 것이라고 보았다. 따라서 인간의 인식을 제대로 다루기 위해서는 객관적 관찰과 자료 수집을 통해 이론의 타당성을 엄격하게 검증하는 과학적 방법이 도입되어야 한다고 주장하였다. 이러한 생각을 토대로 피아제는 '발생적 인식론(genetic epistemology)'을 주장했다.

발생적 인식론이란 지식의 의미 및 형성에 관한 연구이다. 이는 인간의 정신이 낮은 수준의 지식에서 높은 수준의 지식으로 진행되는 과정과 지식의 증가를 가능하게 하는 인지적·인식적 기제에 관한 연구를 말한다. 피아제에게서 인식의 문제는 인식 주체와 인식 대상 간의 기능적 관계를 규명해 내는 작업이다. 이러한 점 때문에 발생적 인식론은 개인과 환경 간의 상호작용을 통해 인간의 지식과 지능이 그 개인의 내부에 점진적으로 구성된다는 점에서 상호작용주의, 혹은 발달적 구성주의라고 불린다.

피아제는 지식의 증가를 가능하게 하는 인지발달을 크게 네 시기로 구분하였다. 구체적으로 문제를 해결하는 데 감각체계와 운동 활동만을 사용하는 감각운동기(출생~2세), 인지적 상징, 상징놀이, 그리고 언어가 나타나기 시작

<표 5> 파아제의 인지발달단계와 특징

단 계	연 령	특 징
감각운동기	0~2세	표상능력의 부재 대상항구성 개념의 획득
전조작기	2~7세	언어의 발달 자기중심성 (자기중심적 시각 조망과 자기중심적 언어) 직관적 사고 (보존성 개념과 유목포섭 조작 능력의 결여)
구체적 조작기	7~11세	보존성 개념의 획득 유목 포섭 능력의 획득 추이성 조작능력의 획득
형식적 조작기	11세 이상	추상적 사고능력의 발달 논리적, 수학적 사고능력의 발달 사회인지능력의 발달

하는 전조작기(2~7세), 잠재적으로 수학과 언어의 상징체계를 조작할 수 있게 되는 구체적 조작기(7~11세), 가설·실험·추론방법 등을 사용할 수 있게 되는 형식적 조작기(11세 이상)가 그것이다.

몬테소리의 교육적 사고는 실증주의에 기반을 두고 있다. 그렇기에 구체적인 사회현실로부터 출발하는 실천이 중시된다. 그녀는 말이나 교리만 살아 있고 실천이 없는 사상은 의미가 없다고 보았다.

몬테소리는 의사가 될 때까지 병약한 아동을 양육하고 보호하는 일은 사회적 관심의 대상으로 인식하지 않았다. 때문에 이들은 교육의 대상에서 제외되었다. 그러나 불행한 아동들의 삶을 경험한 후 몬테소리는 보편적인 인류의 행복을 삶의 기본원칙으로 삼고 이들이 누구나 발전하고 완전하게 되기를 기대했다. 그것은 사회적 약자들을 보호하고 교육하는 데 헌신하는 구체적인 실천으로 표출되었다. 정신지체아, 범죄자, 억압당하는 학생들이 몬테소리의 연구 대상이었고, 이들을 사회에 통합하려고 노력하였다.

몬테소리에게서 인간은 육체와 정신이 통합된 존재였다. 정신적이고 영적인 과정들은 반드시 일정한 신체의 표현 형식과 일치한다고 생각했고, 정신적인 삶의 형식들과 비정상적 심리현상은 반드시 신체적 원인이 있다고 보았다. 이런 관점에서 그녀는 심리적 장애를 생리학적 교육을 통해 치유할 수 있다고 믿었다. 나아가서 신체와 정신의 통합이라는 사상은 인간을 우주와 역사, 그리고 사회의 장에 편입시키는 사상으로 발전되었다.

인간은 우주의 질서에 따라 자연과 대등하게 취급된다. 왜냐하면 인간이 모든 자연의 우주적 규칙성 안에 포함되기 때문이다. 몬테소리는 인간이 우주의 보편적 규칙을 따른다고 전제할 때, 소우주로서 인간성을 회복할 수 있으며 궁극적으로 통합된 인간이 될 수 있다고 보았다.

Ⅲ. 교육 사상: 발달이론과 경험과학적 방법론

엄밀하게 말하면 피아제의 이론은 교육에 관한 이론이

아니다. 피아제 스스로도 “나는 교육자가 아니다. 그리고 나는 교육자들에게 어떠한 충고도 하지 않는다”라고 말하고 있다. 그럼에도 불구하고 발달과 학습에 대한 그의 이론은 교육 실제에 관한 많은 영감을 제공했고, 여러 가지 교육방법의 원리를 양산해 냈다.

피아제는 인간의 정신적 성장은 발달과 학습에 의해 이루어진다고 보았다. 발달은 자연발생적 요소이고, 학습은 외적 사건에 의해 발생한다. 그중에서도 발달은 네 가지 요인들에 영향을 받는다. 첫째, 신체적 성숙, 둘째, 물리적·논리 수학적 경험, 셋째, 사회적 전달, 넷째, 평형화 요인이 그것이다. 신체적 성숙이란 인지 발달의 어떤 측면들은 제한하고 다른 측면들은 가능하게 하는 것을 말한다. 물리적·논리 수학적 경험이란 외부적 혹은 내부적으로 지식을 얻는 것과 관련된다. 사회적 전달은 읽기 또는 교육과 같은 기술을 통해 습득되는 지식이다. 평형화요인은 사회적 영향의 효과를 결정하는 인지구조의 역할을 강조한다. 이 중에서도 평형의 개념은 아동의 자기 조절과정과 관련이 있으며, 환경과의 능동적인 균형을 이루는 체계를 의미한다.

한편 피아제는 학습을 좁은 의미와 넓은 의미로 구분한다. 좁은 의미의 학습은 새로운 정보나 특수한 상황에 한정되어 일어나는 반응으로서 일반화될 수 없는 것을 말한다. 반면, 넓은 의미의 학습은 여러 가지 상황에 적용할 수 있는 일반적인 사고구조의 획득이다.

발달은 넓은 의미의 학습이다. 즉 학습이 발달이기 때문에 학습은 발달단계와 연결되어 있다. 물론 반드시 영속적이지는 않다. 그러나 내적 평형화를 통한 발달이 이루어질 수 있다면 그 발달은 영속적이 된다.

몬테소리는 일방적인 훈육 형식의 교육은 어른과 아동과의 갈등을 초래하게 할 뿐이라고 인식했다. 따라서 갈등을 피하기 위해서는 교사 스스로 태도를 바꾸어야 한다고 생각했다. 교사는 아동을 감시하고 명령하는 대신 관찰하고 기다리며 아동 스스로가 정신을 발전시킬 수 있도록 수동적으로 도와야 한다. 이러한 의미에서 교육학은 실제적이고 실험적이며 과학적이어야 한다. 실험을 하기 위해서는 실험실과 실험자와 실험에 필요한 도구가 있어야 하듯이, 교사는 교육의 마당인 어린이 집이나 학교, 즉 실험실에서 하나의 실험자로서 아동의 삶에 드러나는 표현들을 관찰하고 연구해야 한다.

아동의 영혼에 담긴 정신적 현상들은 깊이 숨겨져 있기 때문에 아동에게 적합한 환경을 제공하지 않으면 드러나지 않는다. 따라서 '자유의 원리'를 따르는 환경을 제공하고, 변화된 환경 내에서 실험에 필요한 과학적인 도구 ―교구―를 준비해 두어야 한다.

교육은 준비된 환경 속에서 보여주는 아동의 정신적 현상을 관찰하는 데서 시작되어야 한다. 그러나 교육은 아동이 지니고 있는 심리적 반응을 관찰·측정·기술하는 데 그치는 것이 아니라 아동의 내적 삶의 비밀을 밝혀내는 작업에 초점이 모아진다. 물론 몬테소리는 과학적 교육학의 실현을 위해 경험과학적 방법론을 많이 사용하였다. 하지만 사실 방법론 자체는 가치중립적이고 그 방법 안에 어떠한 목적도 없다. 몬테소리 교육방법은 아동의 삶을 준비시키며 삶의 가치를 높이는 수단일 뿐이다. 교육의 목적은 아동의 인격을 변화시키고 스스로 삶을 영위할 수 있도록 돕는 데 있다.

Ⅳ. 교육적 의의

피아제는 학교교육에 대해 많은 관심을 두지는 않았다. 하지만 그의 이론은 교육에 적용할 수 있는 다양한 시사점들을 보여준다.

피아제는 아동의 언어와 사고가 성인의 것과 명백히 구분된다는 점을 일깨워 주었다. 따라서 교사는 이것을 인식하고 아동의 독특한 관점을 발견하기 위해 면밀히 관찰해야 한다. 또한 그는 발달단계에 맞는 적절한 수준의 새로운 경험이 제시되었을 때, 아동이 흥미를 느끼며 효과적으로 학습한다는 점을 이론적으로 밝혀냈다. 비록 동일한 연령대의 아동들일지라도 인지구조는 각기 다르다. 그러므로 아동들은 각자 자유롭게 자신이 선택한 과제들을 수행해야 한다. 그렇기에 집단적으로 수업을 할 경우,

성공적인 효과는 거의 불가능하다. 이런 논리에서 피아제는 아동의 자기조절이 학습의 중요한 측면임을 발견하였다. 아울러 사회적 상호작용이 인지 성장을 촉진시킨다는 것도 밝혀, 토론수업의 가치를 재확인할 수 있는 전기를 마련했다.

물론 이러한 이론들이 특별히 새로운 것은 아니다. 진보주의 교육 운동은 오랜 기간 이와 유사한 원리들을 제시하였다. 피아제의 기여는 새로운 교육적 이론이나 개념들을 발달시킨 것이 아니라, 교육에 대한 이러한 접근의 기초를 마련하는 실증적 자료와 이론을 제공하였다는 데 있다.

피아제와 마찬가지로 몬테소리 교육의 영향력도 대단하다. 몬테소리 학교는 세계적으로 확산되어, 그녀의 교육 원리를 근간으로 교육을 실천하고 있는 곳이 무수히 많다.

몬테소리의 교육은 성인뿐만 아니라 태아와 유아에 이르기까지 인간의 존엄성과 가치, 자유와 권리를 인정하고 진정한 인격형성교육을 강조한다. 이러한 교육을 통한 휴머니즘은 현대의 유아교육과 평화교육 사상에 많은 영향을 주었다.

뿐만 아니라 몬테소리 교육에서 주장하는 인지 발달, 감각훈련, 유아 성장의 민감기, 학습에 대한 유아의 자발적 흥미도 현대 교육에 주요한 의의가 있다. 몬테소리는 아동의 능동적 정신을 인정하고 아동을 지적이며 창조적 존재로 인식한다. 즉 스스로 자신의 성장과 발달을 이루어가는 능동적 · 자발적 · 적극적 주체로 본다.

교육은 사회 변화와 불가분의 관계에 있다. 학문의 발달과 사회적 변화는 교육과정을 바꾸게 만든다. 현대 교육은 사회구조의 변화와 여성의 사회 진출, 복지사회의 강조, 교육기관 · 가정 · 지역사회와의 연계성 강조 등 다양한 측면의 영향을 받아왔다. 이러한 상황 속에서 몬테소리 교육은 보상교육, 장애아와 문화차이와의 통합교육, 종일제 프로그램, 부모 참여 및 부모 교육을 강조함으로써 사회복지 및 교육에 크게 기여하였다.

더 읽을거리

Montessori, M. 조성자 역(1990). 『교육과 평화』. 서울: 창지사.

Montessori, M. 김정환 역(1995). 『유아교육첫걸음』. 서울: 서원.

Piaget, J. 박전규 역(1990). 『생물학과 철학: 종합과학적 인지론』. 서울: 아카데미서적.

Piaget, J. 오세철 역(1980). 『현대학문체계와 그 엇물림』. 서울: 연세대학교출판부.

Piaget, J. 이병애 역(2005). 『교육론』. 서울: 동문선.

제14장 콜버그

Lawrence Kohlberg, 1927~1987

발달심리학자가 『사실에서 당위로』의 주장을 갖고
철학자들이라는 '이리떼' 속에 뛰어든다면 그는
바보임에 틀림없다. 하지만 나는 발달심리학자들이
궁극적으로는 그렇게 해야 한다고 생각한다.
왜냐하면 연구를 통한 발견이 윤리적으로나
철학적으로 정당화되어 교육에 실제로
적용되기 위해서는 이러한 작업이
반드시 필요하기 때문이다.

—『사실에서 당위로』에서

Ⅰ. 생 애

콜버그는 1927년 뉴욕에서 태어났다. 부모는 매우 부유한 실업가였는데 콜버그는 이러한 부모의 재력 덕분으로 유명한 대학 예비학교(Prep School)에 다닐 수 있었다. 예비학교 출신이 대학에 진학하는 것은 당연한 일이었지만, 그는 대학 진학을 포기하고 상선회사에 선원으로 취직한다. 17세에서 20세까지 계속된 선원생활 동안 콜버그는 세계를 여행하기도 하고 위험한 밀수작전에 참여하기도 한다. 이런 위험천만한 경험을 통해 법과 합법적인 권위에 불복하거나 도전해야만 하는 상황이 있을 수도 있다는 점을 깨달았다. 이와 같은 법과 권위에의 불복종이 어떻게 정당화될 수 있는가의 문제는 나중에 그의 중요한 연구주제가 된다.

선원생활을 마친 콜버그는 시카고 대학에 입학한다. 2년 만에 학사학위를 취득한 그는 같은 대학의 박사과정에 입학하여 임상심리학과 아동발달을 공부하면서 보스턴 근교의 유명한 아동병원에서 실습을 받게 된다. 이때 전통적 이론이었던 정신분석학에 강한 회의를 품고 피아제(J. Piaget)의 이론에 심취하게 된다. 이런 연유로 콜버그는 박사학위논문에서 아동들의 도덕적 추리가 어떻게 전개되고 발달되어 가는지에 대해 발달단계에 입각해서 설명하게 된다. 이는 도덕성을 정신분석학의 초자아(Superego) 이론으로 설명하는 종전의 이론과는 완전히 다른 것이었다.

박사과정을 마친 그는 모교인 시카고 대학에 조교수로 부임해서 아동심리 훈련 과정(Child Psychology Training Program)을 설립하고 박사학위에서 제시한 여러 가지 연구 주제들을 정리해 나간다. 그로부터 6년 후 하버드 대학의 정교수로 부임하게 되자 관심사를 도덕교육과 철학적 논의로 돌려, 도덕교육 연구 센터(Center for Moral Development and Education)를 설립하고 사망하기 전까지 도덕성 발달 연구에 매진하였다.

Ⅱ. 기본 사상: 도덕성 발달

콜버그의 생애에서도 나타나듯이, 피아제의 인지구조는 정신분석학이나 행동주의적 접근의 한계에 실망하고 있었던 그에게 새로운 관점을 제시해 주었다. 과거에는 개인의 내적인 추리 과정보다는 사회 규범이나 집단 압력이 도덕행동의 해석에서 중요시되었다. 하지만 인지구조 이론에 따르면 결국 사회 규범과 집단 압력조차도 인지구조에 의해서 해석되고 추리될 수 있다.

그가 보기에 인간의 도덕발달 현상을 설명하고 이해하는 데 사회화라는 관점에서의 설명은 충분하지 못하였다.

왜냐하면 사회화는 인간의 능동성과 적극적 의사결정 과정의 측면을 지나치게 과소평가하기 때문이다. 그가 보기에 인간은 결코 사회의 기대나 집단 압력에 수동적으로 부합하고 복종하기만 하는 존재는 아니다. 오히려 사람들은 내적으로 그런 기대와 압력을 객관화하고 의미를 부여하는 해석의 틀을 가지고 있는 것 같았다. 이 해석의 틀이 인지구조이다. 인지구조는 몇 가지로 유형화되는데, 이것이 바로 발달단계가 되는 셈이다.

이러한 발달단계는 대체로 6가지 유형으로 나타나게 된다. 첫째, 처벌과 복종의 단계, 둘째, 도구적 상대주의 단계, 셋째, 승인·동정·사랑의 단계, 넷째, 규칙과 권리의 사회질서 유지 단계, 다섯째, 사회계약 단계, 여섯째, 보편적 도덕원리 단계이다.

처벌과 복종의 단계란 행동에 대한 물리적 결과가 그 행동의 선악을 결정하는 요인이 되는 상황을 말한다. 도구적 상대주의 단계는 올바른 행동이 개인의 필요를 충족시켜 주며 동시에 타인의 필요도 채워주는 상태이다. 승인·동정·사랑의 단계에 속한 사람은 다른 사람을 즐겁게 하고 도와주는 착한 행동과, 타인에게 인정받는 행동을 한다. 규칙과 권리의 사회질서 유지 단계는 권위, 고정된 규칙, 사회질서 유지에 대한 적응을 의미한다. 사회계약 단계 속에서 올바른 행동이란 사회 구성원의 의견을 면밀히 검토한 후 나타난 일치된 의견을 뜻한다. 보편적 도덕원리 단계는 한 개인이 논리적으로 보편성과 일관성에 따라 어

<표 6> 콜버그의 도덕성 발달단계

단계	단계의 명칭	단계의 기본특징	도덕적 행위의 동기	인생의 가치에 대한 태도
1	처벌과 복종의 단계	벌 또는 복종 지향	행동의 물리적 결과	삶의 가치가 신체적 대상의 가치와 혼동되고 인생의 가치는 사회적 지위나 그 지위를 가진 사람의 신체적 속성에 기초를 둠
2	도구적 상대주의 단계	상대적 쾌락주의	반환되는 이익이나 보상을 받는 데 동조	인생의 가치는 그와 다른 사람의 욕구를 만족시키는 도구로서 간주
3	승인·동정·사랑의 단계	착한 소년소녀 지향, 타인과 우호적 관계나 타인의 인격 유지	선한 행동이 다른 사람을 즐겁게 하거나 그들에게 인정받음	인생의 가치는 가족이나 다른 가족의 애정과 연민에 기초함
4	규칙과 권리의 사회질서 유지 단계	권위 유지적 도덕성, 법률과 사회질서 지향	권위·고정된 규칙·사회질서 유지에 적응	인생은 그가 처한 범주적, 도덕적 또는 종교적 질서라고 생각
5	사회계약 단계	계약이나 개인의 권리 또는 민주적으로 인정된 법률의 도덕성	공동사회의 복지라는 관점에서 판단된 공명정대한 방관자의 존중을 유지하는 데 동조	인생의 가치는 공동사회의 복지뿐 아니라 보편적 인간의 권리라는 생각
6	보편적 도덕원리 단계	개인의 법칙이나 양심의 도덕성	자기의 비난을 받지 않는 것에 동조	개인을 존중하는 보편적 인간가치를 표상하는 것에 인생을 희생하는 신념이 있음

떤 행위를 정당하다고 판단하는 단계이다. 이를 요약하면 앞의 표와 같다.

결론적으로 콜버그는 도덕 현상은 사회화라는 개념보다는 개인의 합리적 추론 과정으로 더 잘 설명되고 이해될 수 있다는 생각을 가지고 있었다.

Ⅲ. 교육 사상: 도덕교육의 방법

도덕발달단계에 관한 연구를 계속하던 콜버그는 1969년부터 하버드 대학 부근의 케임브리지 지역 공립학교에서 그의 이론에 입각한 도덕교육을 실천할 수 있는 기회를 얻게 된다.

그가 도입한 초기의 도덕교육 모형은 다음과 같은 과정을 거친다.

* 학생들에게 가설적인 도덕적 딜레마 제시
* 학생들에게 이 딜레마를 놓고 집단 토의에 가담케 함
* 학생들 스스로 각자의 해석과 행동 방침을 분명히 하여 그 까닭을 정당화함
* 학생들 스스로의 의견에 비추어 다른 학생들의 의견 평가
* 그 결과에 의해 자기의 견해를 다시 생각해 보게 함

이때 교사는 토론 참가자의 일원이면서 동시에 토론 진행자가 된다.

이러한 교육방법은 절대적 가치의 일방적인 주입도 아니고 극단적 가치 상대주의도 아니다. 콜버그의 교육방법의 매력은 학생들이 능동적이고 자발적으로 도덕의 절대적 가치를 이해하고 채택할 수 있도록 해줄 수 있다는 데 있다.

콜버그는 자신의 교육법을 적용해 가면서, 도덕교육에 있어서는 토론에 의한 정당화의 연마도 중요하지만 학교의 권위체제나 동료 집단의 규범도 매우 중요한 변수라는 점을 깨닫게 했다. 따라서 도덕교육이 전개될 때 도덕적 분위기(moral atmosphere)를 필히 고려해야 함을 인정하게 된다.

공동체 분위기에 대한 고려 없이는 토론 자체의 성과 역시 보장될 수 없다! 이런 점을 인식한 그는 그의 도덕교육 프로그램이 정의로운 공동체(Just Communitiy)가 될 수 있도록 운영하려고 노력했다. 그 후에 전개되는 콜버그의 도덕교육 프로그램은 모두 계속해서 이러한 정의로운 사회의 특성을 띠고 전개된다.

Ⅳ. 교육적 의의

콜버그의 사망시기는 비교적 최근이기 때문에 그의 이론에 대한 평가를 내리기에는 아직 이르다. 콜버그의 이론은 20세기 현대를 토대로 만들어졌으며, 그 자체가 현대

교육의 반영이다.

하지만 콜버그가 훈육 차원에 머물러 있던 도덕성 교육에 대한 새로운 지평을 열었다는 점은 의심의 여지가 없다. 도덕현상을 학문적 논의의 대상으로 끌어 올려서 그것이 어떻게 발달되어 가며, 어떻게 측정할 수 있고, 교육될 수 있는지를 실증적으로 밝혀낸 최초의 사람이다.

이전까지만 해도 도덕은 가치 선택이며 취미나 선호의 문제이므로 과학적 엄밀성과 객관성은 적용될 수 없다, 또는 도덕이란 타고난 천성의 문제이거나 살아가면서 자연히 습득케 되는 죄의식이나 양심의 발로라는 주장이 지배적이었다. 이런 이유 때문에 도덕현상은 사변적으로 논의되거나 주관적 해석의 대상으로만 이해되어 왔다. 그리하여 도덕은 철학과 윤리학에서 주로 다루어졌고, 그 영역에서도 객관성을 수립하기 어렵다는 이유로 비판을 받아왔다.

하지만 콜버그는 도덕현상을 다루게 될 학문영역의 하나로서 인지발달론의 가능성을 제시하였고 그 가능성을 실현시키기 위해 평생을 노력하였다. 도덕발달단계에 기반한 콜버그의 도덕성 교육은 토론이 중요시되기는 하지만 '모든 이는 그 자신의 가치관을 가진다'와 같은 가치상대주의는 아니다. 오히려 단계의 순차성을 전제함으로써 보편적인 목표와 원리에 기초하고 있다고 보는 편이 옳다. 그렇다고 해서 교화나 훈육과 동일한 것도 아니다. 교사는 자신의 도덕적 가치를 수용하는 쪽으로 학생들을 인도하기보다는 학생들이 자연스럽게 사고하도록 유도해야 하기 때문이다. 또한 도덕적 토론을 행하는 과정에서 민주적 교실풍토의 형성을 매우 중요시했다는 점도 중요한 의의를 지닌다.

더 읽을거리

Kohlberg, L. et al. 김민남・김봉소・진미숙 역(2000). 『도덕발달의 철학』. 서울: 교육과학사.

Kohlberg, L. 김민남 역(2000). 『도덕발달의 심리학: 도덕단계의 본질과 타당성』. 서울: 교육과학사.

Kohlberg, L. 문용린 역(2000). 『콜버그의 도덕성 발달이론』. 서울: 아카넷.

Kohlberg, L. 이동훈 역(1985). 『도덕 교육 철학』. 서울: 대한예수교장로회출판국.

남궁달화(1995). 『콜버그의 도덕교육론』. 서울: 철학과현실사.

제15장 부버

Martin Buber, 1878~1965

인간과 인간 사이의
위대하고도 풍요로운 관계는
단지 통일적이고 책임감 있는
인격 사이에만 존재할 수 있다.
—『성격교육론』에서

Ⅰ. 생 애

부버는 1878년 오스트리아의 비엔나에서 태어나, 3세 때 부모가 이혼하자 조부모의 집에서 자랐다. 10세 때까지 유대 전통과 문학의 권위자였던 조부에게서 유대고전과 다양한 독일작가의 작품을 탐독했다. 1896년에 철학과 예술사를 공부하기 위해 비엔나 대학에 입학한 후 베를린 대학, 라이프치히 대학, 취리히 대학을 거치면서 철학, 문학, 미술, 심리학 등을 공부하였다. 유대교 관련 공부는 등한시하였으며, 괴테, 도스토예프스키로부터 사상적 영향을 많이 받았다. 아울러 칸트, 키에르케고르, 포에르바하, 니이체의 영향을 받았으며, 종교의 역할 탐구와 연구방법론에 대해서는 베를린 대학의 짐멜(G. Simmel)과 딜타이(W. Dilthey)의 영향을 받았다.

부버는 1898년 유대인의 실존을 일깨우고 영혼재생을 위해서 시온주의에 가담하여, 1901년에는 시온주의 공식 잡지인 「세계(*Die Welt*)」지의 편집인으로 활동하기도 하였다. 그러나 1904년 시오니즘의 정치적 성향에 환멸을 느껴 결별한 후, 랍비 이스라엘 벤 엘리에저(Israel ben Eliezer)의 『유언(*Zevaat Ribesh, Testament*)』이라는 소책자를 읽고 감명을 받아 하시디즘 운동에 참여하게 되었다. 부버는 하시디즘과 하시딕 문헌에 대해 5년간 집중적으로 연구하여 사라진 하시디즘을 재발견해 낸다. 1923년부터 10년간 프랑크푸르트 대학에서 유대교와 종교사 강의를 하였으며, 이때 그의 가장 유명한 저서인 『나와 너(*Ich und Du*)』를 출간하였다.

1933년 나치정권이 그를 교수직에서 해고하자 박해받는 유대공동체를 위하여 다양한 강연활동 및 유대인 개방학교 재건에 힘썼다. 1938년 나치에 의해 침묵을 강요당하자 예루살렘으로부터 요청을 받고 1938년 60세의 나이에 독일을 떠나 예루살렘의 히브리 대학에서 강의를 하였다. 생애 후반에도 『두 유형의 신앙(*Two Types of Faith*)』, 하시딕 격언 선집 『열 개의 사닥다리(*Ten Rungs*)』와 『하시딤 설화(*Tales of the Hasidim*)』를 저술하였다.

1951년 73세의 나이로 히브리 대학에서 은퇴한 후, 이스라엘로 이주해 온 삶의 배경이 다른 이주민들을 가르치는 교사를 훈련시키는 성인교육기구(Adult Education Institute)를 맡아 정열적으로 활동하면서 자신의 교육이론을 실생활에 펼치기도 하였다. 이후 이스라엘 사람들과 아랍 사람들 사이에서 화합을 위해 다양한 활동을 하는 한편 『길의 교시(*Pointing The Way*)』 등 저술활동에도 힘썼다. 특히 구약성서 독일어 역(譯)을 35년 만에 완성하였다. 1965년 예루살렘에서 생을 마칠 때까지 부버는 모든 존재들과의 진정한 '만남'을 몸소 실천한 종교사상가이면서 철학자였다.

Ⅱ. 기본 사상: 만남의 철학

부버 사상의 근간이 되는 것은 하시디즘(Hasidism)과 이를 바탕으로 생성된 '만남'의 철학이다.

18세기 초 동유럽 폴란드에서 시작된 하시디즘은 '좋은 이름의 주인(Baal Shem Tov, 1698~1760)'이라고 불리는 엘리에저(I. ben Eliezer)에 의해 창시된 것으로 유대인에게 영향을 끼친 경건주의적 신비운동이다.

하시디즘에 따르면 신성한 신의 불꽃이 모든 만물 속에 담겨 있다. 인간은 만물 속 사물과의 접촉—만남—을 통하여 신의 불꽃을 세상에 드러내야만 하는 사명을 가지고 있다. 그렇게 하기 위해서 인간은 모든 사물 및 피조물들을 신성한 것으로 보고 이 세계와 자신을 긍정해야 하며 일상생활 속에서 하느님의 세계를 사랑해야 한다. 즉 일상생활의 매 순간에 있어서 신에 대한 충실함과 필요성을 강조하였으며, 세속적인 일상생활 속에서 사랑으로 봉사하면 모든 것이 신성화된다고 본다. 하시디즘에서는 성속(聖俗)의 구분이 의미가 없다. 인간은 인간답게 됨으로써 신에게 접근한다.

부버는 하시디즘을 통하여 참된 삶의 의미와 진정한 공동체를 발견하였는데, 진정한 공동체를 이루기 위하여 필요한 것이 '만남'의 철학이다.

부버는 인간이 세계를 대하는 태도를 두 가지로 나누

고 있다. '나-그것'의 관계로써 표현되는 사물세계와 '나-너'의 관계로 표현되는 인격적 '만남'의 세계이다. '나-그것'의 관계가 경험과 인식, 이용의 대상이 되는 관계라면 '나-너'의 관계는 서로 전 존재를 거는 참인격적 관계를 말한다. 인간은 다름 아닌 '나-너'의 관계를 통해 그 실존을 형성해 나가는 창조자이다.

현대사회의 문제점은 '나-그것'의 세계가 만연하다는 것이다. 부버는 만남의 철학을 주장하며, '나-너'의 관계 회복을 통하여 참다운 인간 존재로 거듭날 것을 촉구하고 있다.

Ⅲ. 교육 사상: 대화와 성격교육

부버의 교육관은 그의 유명한 연설을 통해 확인할 수 있다. 1925년 하이델베르크에서 열린 제3회 국제교육대회의 연설 "아동의 창의력 개발(The Development of the Creative Powers in the Child)"과 1939년 텔아비브에서 열린 팔레스타인 교사대회의 "성격교육(The Education of Character)"이 그것이다. 이 연설의 주요 내용을 요약하면 다음과 같다.

첫째, 아동에 대한 이해이다. 아동을 무한한 가능성과 창조성을 지닌 하나의 현실(reality)이다. 따라서 모든 아동이 가진 창작자 본능(originator instinct)을 펼치는 데 자신이 주체가 되어 참여할 수 있도록 환경을 조성해야 한다. 진정한 교육이란 아동의 창작자 본능이 자율적으로 개발될 수 있도록 돕는 작업이다.

둘째, 세계에 대한 인식이다. 자연과 사회라는 세계 그 자체가 인간을 교육시킨다. 즉 자연과 인간, 인간과 인간, 그리고 인간과 영적 존재와의 대화적 관계, 즉 '나-너'의 만남에서 '너'는 누구나 진정한 의미의 교사가 될 수 있다.

셋째, 교육주체 상호 간의 관계 문제이다. 기호(嗜好)에 의해 대상을 취사선택하여 사랑하는 에로스적 교육은 그 본래적 정신에 어긋난다. 그러므로 교육은 비(非)에로스적인 것이어야 한다. 인간은 누구나 인격적 존재이며 인격적 존재인 한 서로가 동등하기에 교사가 학생을 선택할 수 없다. 단지 동등한 인격자로서 '서로 만남'(Sichbegegnung)을 했을 때 참다운 교육이 이루어진다.

넷째, 포용(inclusion)으로서의 교육을 강조한다. 포용에 의한 두 사람 간의 대화적 관계에서 '나-너'는 상호 독립적인 관계를 유지하는 동시에 상대방의 처지를 체험한다. 이러한 관계는 신뢰할 수 있는 분위기 속에서 가능하다. 따라서 교육의 역할은 신뢰할 수 있는 분위기 속에서 학생에게 구체적인 포용의 체험을 갖도록 하는 것이다.

다섯째, 인격교육보다 성격교육(education of character)을 강조하고 있다.

인격(personality)은 교사의 영향력 밖에서 성장하는 것이고, 성격은 인격의 도야에 영향을 미친다. 따라서 교사는 성격교육을 교육목적으로 삼아야 한다.

부버의 사상적 근간인 하시디즘에서는 인간이 세계와 하나님 간의 중재자 역할을 수행해야 한다. 하나님께서 인간에게 부여한 역할을 일상생활 속에서 수행하고 일상생활의 신성화를 통하여 세계를 구원할 수 있다. 이러한 것들을 일깨워 실현하게 하는 것이 부버가 주장하는 인간교육론의 근간이다.

Ⅳ. 교육적 의의

현대교육이 당면한 과제 중 가장 심각한 것은 비인간화 현상의 극복문제이다. 교육현장에서는 교사와 학생 간의 인격적 만남이 이루어지지 않고 있다. '나-너'가 아닌 '나-그것'의 관계가 만연해 있다. 인격을 지닌 주체와 주체의 만남이 전제된 연후에 교육적 작용이 이루어지는데, 그런 교육의 모습을 보기 어렵다. 부버가 강조한 '만남'이 없는 교육은 단지 무의미한 기술에 지나지 않는다.

이런 비교육적 현상을 극복하기 위해서 부버의 사유는 고귀한 시사를 던진다. 교사는 학생과의 관계를 중시해야 하고 그 자신 또한 풍부한 경험과 인간적인 품성(humanistic character)을 지녀야 한다. 교사는 그가 가르치는 과목에 정통한 동시에 그것을 풍부한 인간적 활동(human activity)으로 드러내야 한다. 교사가 그의 순수한 내적 체험을 진실한 행동으로 나타내 보였을 때 교사와 학생은 인격적으로 만날 수 있다. 여기서 교사가 해야 할 일 중에 하나는 학생들의 삶 자체를 가장 중요한 교육내용으로 직시하고 '나-너'의 관계를 체험하도록 하는 것이다.

교사와 학생의 인격적 만남이 매몰되어 '나-너'를 말하는 기쁨을 잃어버린 오늘날 학교 현장에 '나-너'의 인격적 만남을 통한 인간성 회복을 역설한 부버의 교육철학이 시사하는 바는 크다.

더 읽을거리

Buber, M. 김천배 역(2006). 『나와 너』. 서울: 대한기독교서회.

Buber, M. 윤석빈 역(2007). 『인간의 문제』. 서울: 길.

Buber, M. 장 익 역(1977). 『인간의 길』. 서울: 분도출판사.

Buber, M. 남정길 역(1994). 『하시디즘과 현대인』. 서울: 현대사상사.

Buber, M. 남정길 역(1977). 『예언자와 신앙』. 서울: 대한기독교서회.

Buber, M. 남정길 역(1980). 『사람과 사람사이』. 서울: 전망사.

Buber, M. 이병섭 역(1984). 『신의 일식』. 서울: 이화여자대학교출판부.

Buber, M. 류시화 역(1990). 『성자가 되기를 거부한 수도승』. 서울: 푸른숲.

Buber, M. 남정길 역(1975). 『인간이란 무엇인가』. 서울: 대한기독교서회.

제16장 슈프랑거/볼르노

Eduard Spranger, 1882~1963

Otto Friedrich Bollnow, 1903~1991

교육이 단순한 전수, 적응 그리고
권위적 의식 행태 이외에
아무것도 하지 못한다면 이는 천박한
교육학의 오류이며 비극이다.
—『철학적 교육학: 슈프랑거 전집 2』에서

Ⅰ. 생 애

슈프랑거는 1882년 베를린에서 태어나 베를린시 중심가에서 성장했다. 그의 아버지 프란츠 슈프랑거는 자영업자였으며, 프리드리히가에서 장난감 상점을 운영했다. 어머니는 베스트팔렌의 뮬러 가문 출신이었다.

슈프랑거는 1888년 도로텐(Dorotheen)시에 있는 레알김나지움(Realgymnasium)의 전학교(Vorschule)에 입학하였으며, 1894년 유명한 프란체스코 교단의 그라우 수도원(Das Graue Kloster)에 있는 인본주의 김나지움으로 진학했다.

1890년 베를린 대학교에 입학하여 철학을 공부했다. 첫 학기에 빌헬름 딜타이의 강의를 통해 역사적·비판적 철학과 만나게 되지만 학문적 차이로 그와 대립했다.

1900년을 전후하여 슈프랑거는 자신에 찾아온 정치적·정신적 위기를 극복하기 위하여 '고전인본주의적 사고'로 회귀하는 일을 하며, 삶과 학문의 방향성을 고민하였다. 1905년 그는 파울젠과 심리학자 칼 스툼프에게서 역사과학의 토대라는 인식론적 연구주제를 가지고 박사학위를 취득한다. 이때부터 그는 세기 전환기를 맞아 역사주의 논쟁에 동참하게 된다.

1911년 가을, 라이프치히 대학에서 철학 및 교육학 교수직위를 얻게 된다. 1912년부터 당시 교육과 철학계의 거목 게오르크 케르센슈타이너와 만나 1932년 케르센슈타이너가 타계하기까지 인간적·학문적 친분을 쌓았다. 특히 직업학교제도의 구축을 위한 케르센슈타이너의 업적은 후에 슈프랑거의 학문적 전범으로 작용했다.

슈프랑거는 1914년 『삶의 형식들』이라는 저서에서 인간 이해에 관한 깊은 통찰과 문화적 삶의 보편적 구조 분석을 시도하였다. 그는 7년 후 1921년 『의미 이해론』의 이름으로 개정판을 출간했는데, 후학 볼르노(Bollnow)는 이 책을 슈프랑거의 최고 대표작으로 꼽았다.

1917년 이후, 슈프랑거는 교육기관의 교사재교육을 비롯한 다양한 내용으로 국정자문을 하였고, 베를린 대학에 교육학을 독립학문으로 설치하는 작업도 하였다.

1951년부터 1954년까지 독일 연구공동체 부회장을 역임하면서 정책자문가로서의 역할도 수행했고 1957년 바덴뷔텐베르크 문화청 위원회에서 9년제 학교 제도 도입 문제를 가지고 제도 개혁을 추진하였다. 이처럼 슈프랑거는 다양한 관심을 갖고 교육문제를 고심하였다. 1963년 9월 17일 튀빙겐에서 서거했다.

한편 볼르노는 1903년 당시 프로이센 주 폼먼의 수도 슈테틴(Stettin: 현재는 폴란드 영토)에서 교사 가문 출신으로 태어났다. 그의 아버지 오토 볼르노는 안클람시 초등학교 교장이었고, 그의 어머니는 교사였다. 그는 1921년 아비투어(Abitur)를 통과한 후 수학과 물리학을 공부하기로 결심했다.

1921년 베를린에서 공부를 시작했고, 1924년 괴팅겐에서 보른과 프랑크 교수를 만나기 전 청년운동 집회에 참석했다. 1925년 22세에 박사학위를 받았으나, 오덴발트 학교에서 교사로서 경험한 경험들로 인하여 전공인 물리학을 포기했다. '직접적으로 인간적인 것들'이 물리학적 연구보다 더 중요하다고 판단했기 때문이었다.

1931년 교수 자격 논문을 취득하고 난 후, 볼르노는 노올의 조교가 되었다. 그리고 1936년 기센 대학의 심리학과 교육학 강좌에 초빙된다. 1938년 기센 대학의 교육학과 심리학 강좌에 초대되어 강의를 하면서 독일 낭만주의 교육학을 출간했고 같은 해 오르투르트 뷔르거와 결혼했다.

볼르노는 1953년 슈프랑거의 후계자로 튀빙겐 대학으로 옮겼다. 그는 이곳에서 철학적 삶의 문제를 실존철학과 함께 자세히 다루었으며 동시에 실존주의와의 논쟁 속에서 철학의 근본문제 해결을 위해 노력했다.

Ⅱ. 기본 사상: 생철학

슈프랑거의 정신과학은 헤겔, 딜타이, 한스, 파라이어, 니콜라이 하르트만과 맥을 같이하고 있다. 그러나 그는 다른 정신과학자들과 달리 문화를 정신의 산물로 다루면서 정신과학의 연구 대상을 문화(Kultur)로 구체화했다. 교육은 본질상 인간과 삶을 대상으로 한다. 구체적으로 보면, 교육은 인간의 정신적 산물인 문화를 매개하고 문화 안에서 수행되기 때문에 문화가 교육의 대상과 범위가 된다.

슈프랑거는 "현재의 삶은 미래의 의미를 위해 정신적으로 형성된 과거의 내용과 맺어져 있다. 때문에 우리는 모든 삶의 움직임은 단지 실질적 역사철학의 배경 위에서만 해석할 수 있다."라고 주장했다. 이는 역사철학의 전통적 방법을 따르는 것이다. 그러나 그는 역사적 상대주의를 극복해야 한다고 역설한다. 그 이유는 역사철학이 결국 개체 내부에 머물게 되는 한계에서 찾는다.

슈프랑거에 의하면 인간은 현재 직접적 경험 속에서 살고 있는 것이 아니라 현재에 대한 자기인식 속에서만 살아 있다. 슈프랑거의 관점에서 본다면 딜타이나 짐멜의 역사적 과거는 죽은 과거일 뿐이다. 왜냐하면 이들에게 역사적 과거보다는 현실에 대한 역사가의 역사인식이 보다 중요했기 때문이다. 그러나 과거는 죽은 과거가 아니라 현재 위에 계속 살아 있다. 또한 역사가 한사람이 죽는다고 해서 우리의 삶이 없어지는 것은 아니다. 따라서 역사가의 역사인식 역시 현재 속에서 과거를 인식하는 것, 즉 과거의 경험을 현재에 재생한다는 사실에서 의미가 있다.

슈프랑거는 딜타이가 언급한 '구조'를 통해서 이해의 실마리를 찾아낸다. 그런데 구조 속에는 개인과 초개인적 내용이 섞여 있기에 정신적 삶의 구조는 복잡하다. 이러한 삶의 비밀을 파고드는 수단이 바로 '이해'이다. 이해란 영혼의 감정이입이 아니며 분트나 딜타이처럼 추체험(追體驗)도 아니다. 만약 슈프랑거에게 추체험의 개념을 적용한다면 그것은 범주적으로 형성되는 추체험이라 할 수 있을 것이다. 그는 인간의 정신적 삶을 이해하는 데 무엇보다 '객관성'을 핵으로 본다.

딜타이가 삶의 이해를 위해 체험을 최소 단위이자 유일한 방법으로 보고 삶과 체험을 동일한 것으로 보는 반면, 슈프랑거는 행위들과 체험들을 서로 예리하게 구별하지 않는다. 간단히 말하면 딜타이가 '자기 이해'에 중점을 둔 반면, 슈프랑거는 '타자 이해'에 보다 중점을 두었다.

한편 볼르노는 독일의 생철학의 의도와 현상학의 방법을 결합시켜 실존주의를 극복하려고 했다. 그러나 그의 사고가 생철학에 기반하기 때문에 실존철학을 다루고 발전시키는 데 딜타이, 니체, 베르그송 등의 철학을 중요시한다. 그래서 볼르노는 삶의 본질을 추구한 생철학 특히 딜타이 학파의 정신과학을 이어받았다. 그리하여 이 파에 근거를 둔 슈프랑거, 노올, 리트, 플리트너, 베니거 등의 문화교육은 볼르노에게 삶의 현상으로 이해되었다.

문제는 이들 생철학과 문화교육에서는 삶이 너무 막연하고 상대적이며 삶의 비연속성을 중요하게 다루지 못하는 데 있다. 슈프랑거를 계승한 볼르노는 문화교육의 이런 약점을 벗어나기 위해 실존철학의 차원에서 교육의 비연속적 형태의 가능성을 인간학적으로 고찰하였다.

실존철학의 대표주자들인 키에르케고르, 야스퍼스, 마르셀, 하이데거 등은 인간 내면에 대한 깊은 통찰을 하였다. 그들은 인간 삶의 비연속성을 중요시했다. 그러나 인간을 근본적으로 교육 가능성이 없는 비관적 존재로 간주했다. 실존철학의 이런 약점을 극복하기 위해 볼르노는 부버, 고르가텐 등의 변증법적 신학에 나타난 '만남'을 교육에서 부각시켰다. 특히 볼르노의 인격적 만남은 부버의 신과 인간의 만남, 고르가텐의 인간과 인간의 만남에서 도출되었다.

또한 볼르노는 실존철학의 심각성과 우울성을 희망과 신뢰, 사랑으로 극복하고자 했다. 그리고 문화사회를 매개로 전인적 사회를 포괄적으로 취급한 철학적 인간학은 셸러의 『우주에 있어서의 인간의 위치』, 플레스너의 『철학적 인간학의 입문』에 영향을 끼쳤다.

이렇게 볼 때, 볼르노는 생철학, 실존철학, 변증법적 신학, 철학적 인간학의 영향을 받아 해석학적 방법으로 인간학적 교육학의 지평을 개척했다.

Ⅲ. 교육 사상: 문화와 인간학

슈프랑거의 교육이론은 딜타이의 영향을 받았다. 심리

학적으로 헤르바르트를 계승하지만, 헤르바르트가 개인적 흥미에 머무는 것에 비하여 슈프랑거는 전체적 삶에 주목한다. 따라서 그에게 교육·역사·문화·정신·삶은 모두 같은 범주이다. 특히 "교육은 인간의 문화와 함께 주어진다"라고 하면서 역사적 구체성으로서의 '문화'를 부각시키고 있다.

슈프랑거에 의하면, 교육은 학습자의 생물학적 영역에서 비롯하여 문화구조 인식에 따라 삶의 전반을 통하여 이루어진다. 즉 삶의 모든 연령단계에서 끊임없이 진행된다. 따라서 교육학의 핵심 과업은 '교육이 어떤 문화구조에 어떻게 편입되어 있는가'를 탐구하는 일이다. 이 때문에 그의 교육학을 '문화교육학'으로 명명하기도 한다.

슈프랑거는 교육학의 성립조건을 '정신과학적 심리학', '양심의 영역(형이상학)', '교육방법(각성, 이해, 연령단계)' 등 3가지로 보았다. 심리학적 차원에서 교육행위를 가능케 하는 본능은 4가지 특징을 지닌다. 즉 인간은 구조를 가지고 있고, 자기활동을 하며, 발달을 목표로 하고, 마지막으로 층화의 본능이 있다. 형이상학적 측면에서 개인은 '육체-영혼-정신' 사이에서 갈등하는 위기의 존재로 파악된다. 따라서 개인은 자신의 정신적 자아를 구축하는 일이 매우 중요하다. 마지막으로 각성, 이해, 연령단계를 다루는 교육방법이 있어야 교육이 가능하다는 것이다.

특히 교육방법과 관련하여, '각성'은 단순히 만드는 것이나 자선을 베푸는 것과 다르다. 부단한 질문 속에서 대화자들은 스스로 자극을 받아 마침내 각성할 수 있는 계기를 마련한다. '이해'와 관련하여, 슈프랑거는 교육이 삶의 전체를 이해하는 일에서부터 시작되어야 한다고 본다. 그리고 인간의 모든 성장 발달단계는 고유한 특성과 교육 가능성을 가지고 있으므로, '연령 단계에 맞는 교육'을 마지막으로 실시해야 한다고 주장한다.

한편 볼르노는 인간학적 교육의 본질을 삶의 비연속성, 즉 삶, 만남, 위기, 각성 등으로 밝혔다. 따라서 그의 교육 현상은 인간학적 교육학의 본질을 근거로 하여 실존적 만남으로서 교육목적, 비연속적 형태로서 교육내용, 그리고 각성에 이르는 교육방법 등이 핵심을 이루고 있다.

볼르노의 교육목적은 패러독스를 받아들이는 일이다. 그것은 인격과 인격의 교호작용이며, 불안에서 오는 자유를 배우는 작업이다. 그러므로 교육의 기능은 신뢰, 희망, 사랑 등으로 교육분위기를 조성하는 것이다. 교육내용에는 정신적 만남, 축제, 그리고 실존적 윤리 등이 있다. 순간적으로 각성되는 교육방법은 양심에 호소하고, 자극을 주는 일과 결실의 순간을 포착하는 것, 그리고 설교로 인간을 선도하는 방법이다.

Ⅳ. 교육적 의의

슈프랑거는 교육철학에 발판을 두었지만 교육 현상에

대한 철학적 사고에만 안주하지 않았다. 사회학과 사회개념에 대한 논쟁에서 '문화'라는 보다 폭넓은 개념을 포괄했다.

슈프랑거는 "인간이 무엇인가?라는 것은 역사만이 말해 준다"는 딜타이의 삶 해석 명제를 "인간이 무엇이고 무엇일 수 있는가?라는 것도 역사만이 알려준다"라는 윤리적이고 교육적 규범명제로 전환했다. 동시에 '이해는 바로 객관의 주관화'이며 교육은 바로 이러한 객관의 주관화를 위해 존재한다. 이러한 의미에서 슈프랑거의 교육이론은 도야이상론을 넘어, 철학적·형이상학적 문화교육학이었다.

한편 볼르노의 교육사상이 교육에 시사하는 바는 다음과 같은 두 가지 정도로 정리할 수 있다.

첫째, 인간은 교육적 감화에 의해서 교화될 수 있다는 점이다. 볼르노는 인간을 비본질적 현존재로 규정짓고 형성이나 교화가 가능하다고 보았다.

둘째, 비연속적 교육의 가능성이다. 교육에는 외부의 힘으로 '만들다'라는 기계적 교육관과 내부의 소질을 계발시키려는 '기르다'의 유기적 교육관이 있다. 볼르노는 이 두 교육관을 연속적 교육이라 부르고 여기에 비연속적 교육인 '만나다'의 개념을 이입한다.

요컨대 볼르노의 인간학은 만남을 통해 종합적 삶을 표현하는 축제, 노동, 설교, 속담 등을 포함시킨 것이다. 이런 차원에서 그의 인간학은 생활 속에 숨어 있으면서 분명히 작용하는 지체(肢體)를 말한다. 따라서 볼르노의 인간학적 교육학은 비연속적 만남의 교육을 인간학적 측면에서 다룬 것이다.

슈프랑거는 교육에서 '문화'를 집중적으로 거론하며 그 중요성을 일깨워 주었고, 볼르노는 '만남'을 통해 새로운 차원의 교육을 고민하게 만들었다. 특히 인간의 각성을 교육적으로 논의하여 다양한 차원에서 인간의 문제를 고민했다는 데 큰 의미가 있다.

더 읽을거리

Spranger, E. 김재만 역(2005). 『천부적인 교사』. 서울: 배영사.

Spranger, E. 이상오 역(2004). 『슈프랑어의 초등교사론』. 서울: 문음사.

Spranger, E., Dewey. J. 김재만 역(1979). 『교사와 교육』. 서울: 형설출판사.

Bollnow, O. F. 윤재흥 역(2008). 『실존철학과 교육학』: 비연속적 교육형식의 모색. 서울: 학지사.

Bollnow, O. F. 최동희 역(2006). 『실존철학 입문』. 서울: 간디서원.

Bollnow. O. F. 백승균 역(1994). 『진리의 양면성: 인식의 철학 Ⅱ』. 서울: 서광사.

Bollnow, O. F. 백승균 역(1993). 『인식의 해석학: 인식의 철학 Ⅰ』. 서울: 서광사.

Bollnow, O. F. 한상진 역(2006). 『인간학적 교육학』. 파주: 양서원.

Bollnow, O. F. 오인탁 · 정혜영 역(1988). 『교육의 인간학』. 서울: 문음사.

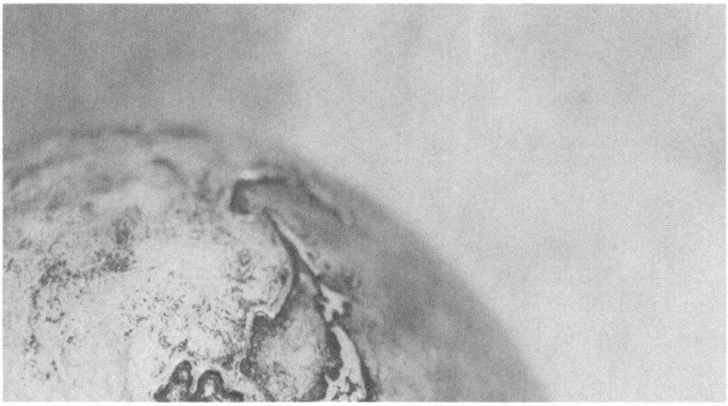

제 3 부

교육의 혁신과 심화

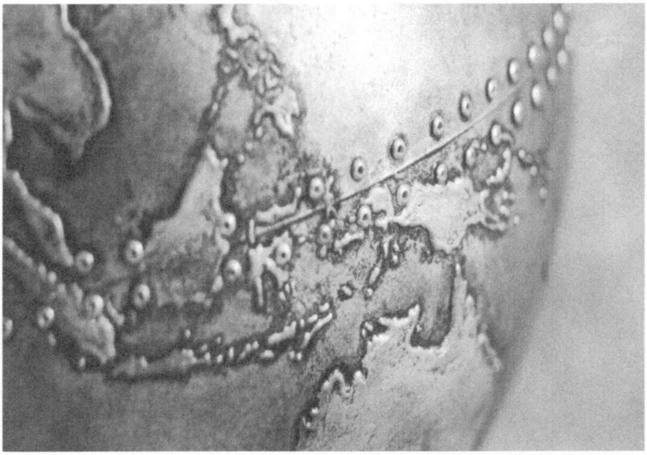

제17장 스펜서

Herbert Spencer, 1820~1903

교육을 등한시하는 것은 아동의 자유이고
그 자유는 의도하는 것이 무엇이건
최선의 방법으로 되게 한다.

—『사회정학』에서

Ⅰ. 생 애

허버트 스펜서는 1820년 영국에서 태어났다. 13세까지는 아버지로부터 교육을 받았고, 이후 바스(Bath)에 살던 삼촌으로부터 수학과 과학 등을 깊이 있게 배웠다. 스펜서는 공식적인 교육을 받지 않았다. 때문에 그는 스스로 대학에 들어갈 자격이 없다고 생각했다. 그러나 학계와 직접적인 관계를 맺지 않았던 스펜서는 당시 형식적 교육의 학풍에 얽매이는 대신 자유롭게 포괄적 사고를 할 수 있었다.

엔지니어로도 잠시 활동했던 스펜서는 20대부터 신문 잡지 등에 꾸준히 글을 실었다. 1848년 『이코노미스트(*Economist*)』 부편집장, 1851년에는 『사회정학(*Social Statics*: 社會靜學)』을 출판하며 본격적으로 자신의 사상을 펴나간다. 1853년 삼촌이 사망한 후, 스펜서는 적지 않은 유산을 물려받았다. 그리고 『이코노미스트』에서 퇴직한 후 독신으로 살며 저술에만 집중했다.

1860년 스펜서는 자신의 사상 전모를 담은 『종합철학 체계(*The Synthetic Philosophy*)』 개요를 발표하기 시작했다. 그 후 1896년까지 장장 36년에 걸쳐 제1권 『제1원리(*First Principles*)』, 제2, 3권 『생물학 원리(*Principles of Biology*)』, 제

4, 5권 『심리학 원리(*Principles of Psychology*)』, 제6, 7, 8권 『사회학 원리(*Principles of Sociology*)』, 제9, 10권 『윤리학 원리(*Principles of Ethics*)』 등을 차례로 출판하였다.

스펜서는 지식인들은 물론 대중들에게도 인기가 많았다. 그러나 좀처럼 대중 앞에 나서지 않았고 공개강의도 하지 않았다. 노년기에 자신의 사상이 공격을 받고 서서히 잊혀지게 되자, 그는 괴팍하고 신랄한 성격으로 바뀌었다고 한다. 스펜서는 말년을 은둔하며 보내다가 1903년 사망했다.

Ⅱ. 기본 사상: 유기체적 진화

스스로를 철학자라 생각했던 스펜서는 『사회정학』에 사람들의 관심이 집중되는 데 반감을 가졌다. 그리고 그러한 인식을 바꾸기 위해 『윤리학 원리』를 펴냈다. 그러나 『윤리학 원리』의 기본적인 입장은 『사회정학』과 큰 차이가 없었다. 『사회정학』은 스펜서의 첫 저술이자 스펜서에 대해 오늘날 우리가 갖고 있는 이미지를 형성시킨 일등공신이기도 하다. 그러므로 여기에서는 『사회정학』에 초점을 맞춰 스펜서의 사상을 알아본다.

16세기 이후 자연과학의 급격한 발전은 다른 학문 분야에도 적지 않은 영향을 끼쳤다. 그리하여 사회에서 일어나는 현상에 대해 자연과학과 동일한 연구방법을 적용할

<표 7> 『사회정학』에 등장하는 스펜서의 사유

자연과학에서는 만유인력의 법칙과 같이 자연현상을 설명할 수 있는 종합적인 법칙이 있다.

⇩

사회는 자연과 마찬가지로 유기체(有機體) 구조를 갖고 있다.

⇩

따라서 사회에서도 사회현상을 설명할 수 있는 법칙을 발견할 수 있다.

⇩

일단 그 법칙에 확신이 선다면 사람들은 절대적으로 '이에 따라야 한다'. 왜냐하면 그것은 사회를 구성하는 법칙이기 때문이다.

수 있다는 주장이 제기되었다. 스펜서 역시 당시 유행하던 이와 같은 생각에 공감하면서, 자신의 사유를 위의 표와 같이 전개하였다.

이와 같은 사유를 바탕으로 스펜서는 적응(適應), 진화(進化), 적자생존(適者生存) 등 사회에 대해 자신의 생각을 발전시켜 나간다. 사회는 상대적으로 단순하고 동질적인 것에서 복잡하고 이질적인 것으로 진화한다. 자연생태계에서 무한경쟁이 이루어지듯 사회 내 모든 행동영역에서 자유경쟁이 이루어지고, 사회와 정부는 이러한 자유경쟁을 지지하고 지원하는 체제가 되어야 한다. 이런 사회가 바로 '진보된 사회'이다. 사회가 이러한 방식으로 움직이는 것, 그리고 사회가 이와 같이 움직이도록 하는 것이 『사회정학』의 핵심이다.

한편 스펜서는 윤리적 원칙 역시 자연현상에 기반을 두고 있다고 보았다. 그는 '인간은 가능한 한 외부의 규제로부터 자유로와야 한다'는 윤리적 대전제를 설정했다. 스펜서가 보는 개인은 다른 사람의 권리를 침해하지 않는 범위에서 자신의 이해와 행복을 추구할 수 있어야 한다. 정부의 권한은 제한되어야 하고, 개인들의 이해추구를 규제해서도 안 된다. 인구성장으로 인한 경쟁과 투쟁은 적자생존을 가능하게 하고, 이를 통해 사회와 '종(種: race)'을 향상시킨다. 자유방임주의 경제학과 일치하는 이러한 관점을 그는 '유기체적 세계의 근본 법칙'이라고 인식하였다. 허버트 스펜서의 사회학에 대해 터너(J. H. Turner)를 비롯한 여러 학자들은 다음과 같이 평가를 내린다.

허버트 스펜서는 자의식을 지닌 영국 최초의 사회학자이다. 그는 자유무역과 기업의 지배적 정치이데올로기를 지지했다. 그는 '사회는 유기체와 같다'고 소박하게 가정하고, 각 제도들을 '사회체(body social)'에서 각각의 '기능'을 가지는 것으로 본 사회학을 발전시켰다. 그렇게 하여 그는 보수적 이데올로기를 전파하고 현상유지를 정당화하였다. 또한 스펜서는 사회 내 관계와 사회 간 관계의 정상적인 상태를 기술하기 위해 적자생존이라는 말을 만들어, 결국 사회의 엘리트가 특권을 갖는 것은 옳으며 또한 한 사회가 다른 사회를 정복하는 것 역시 정당하다고 인식하게 만들었다.

Ⅲ. 교육사상: 완전한 삶의 준비

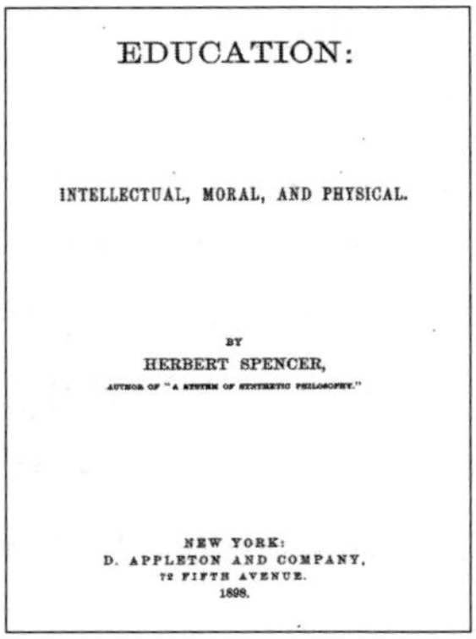
EDUCATION:

INTELLECTUAL, MORAL, AND PHYSICAL.

BY

HERBERT SPENCER,

AUTHOR OF "A SYSTEM OF SYNTHETIC PHILOSOPHY."

NEW YORK:

D. APPLETON AND COMPANY,

72 FIFTH AVENUE.

1898.

<그림 5> 스펜서의 『교육론』 표지

앞에서 고찰한 바와 같이 스펜서는 인간을 '진화론적 목표를 향해 나아가는 자연의 일부분'으로 보고 있다. 동시에 "인간의 행복은 각 개인들이 타인의 권리를 침해하지 않고 자신들의 욕구를 만족시킬 때 비로소 성취될 수 있다"고 주장했다. 이 때문에 스펜서는 마치 생존경쟁의 장을 살아가는 동물들의 삶처럼, 인간의 행복은 사회적 장치와 노력을 통해서 달성하는 것이 아닌 개인적 노력으로 달성해야 한다고 보았다.

교육에 대한 스펜서의 입장은 그의 사회관과 마찬가지로 매우 개인주의적이다. 그는 "교육의 핵심 기능은 우리에게 완전한 삶을 준비시키는 것"이라고 선언했다. 그리하여 그는 '완전한 삶'이라는 목표를 위해 도움이 된다고 여기는 활동으로 다음과 같이 제시하였다.

첫째, 자아보존과 직접적으로 관계되는 활동들이다. 그것은 자연이 인간에게 부여한 선천적인 방어능력이다. 스펜서는 이러한 지식은 건강증진법과 질병예방법 등 생리적 법칙을 알려주는 내용으로 제공되어야 한다고 주장했다.

둘째, 생계를 유지하여 간접적으로 자아를 보존하는 활동이다. 여기에 속하는 대부분의 활동들은 생산, 제작, 상품 교환 등이다. 특히 '사려 깊은 활동'이 여기에 해당하는 것이 흥미롭다. 왜냐하면 생산, 제작과 같이 생계를 유지하기 위한 활동들은 거의 모두 타자와의 관계 속에서 형성되기 때문이다. 스펜서는 이러한 종류의 지식들은 대부분 학교의 교과과정에서는 제외되어 있다고 본다. 산업현장에서의 지식은 "삶의 구석구석에서 뽑아내어진 반면, 정규 교육기관에서는 죽은 공식이나 다름없는 지식을 중얼거려 왔을 뿐"이다.

셋째, 어린이의 양육과 훈련에 관한 활동이다. 스펜서는 학교 교과과정에는 이에 대한 준비가 빠져 있다고 주장한다. 그가 보기에 학교 교육과정은 주로 미혼의 젊은 사람들에게 필요한 내용으로 구성되어 왔으며, 부모로서 아이들을 기르는 데 필요한 지식들은 전혀 담겨 있지 않았다. 이로 인해 미래의 어린이들은 허약해지고, 제때 도덕성을 기르지 못하며, 충분한 양육을 받지 못한다. 또한 스펜서는 당시 교육이 '지능'에 대해 매우 무지하다고 보았다. 때문에 아이들은 두뇌를 사용하는 능동적 탐구자 혹은 자기지도자가 되기보다는 수동적 인간이 된다고 보고 있다.

넷째, 시민권에 대한 교육활동이다. 학교에서는 역사학을 통해 시민권에 대해 가르친다고 주장한다. 그러나 스펜서는 실제로 학교에서 배우는 역사학의 내용은 별 의미 없는 왕실의 가십거리 같은 것들에 불과하며 학생들에게 더 나은 시민권 교육을 하기 위해서는 사회학을 체계적으로 가르쳐야 한다고 주장한다. 왜냐하면 사회는 개인을 형성하고 개인들의 복합된 행위는 사회적 업적을 이루기 때문이다.

다섯째, 여가 시간의 기분 전환과 오락활동이다. 스펜서는 노동 조건들이 개선되면 여가가 앞으로 점점 더 중요한 활동이 될 것으로 예상했다. 그러나 여가 문제를 고민하면서 그가 강조했던 것은 예술이 아닌 과학이다. 물론 예술은 인간의 행복에 크게 기여하지만, 앞서 등장한 네 가지 활동들만큼 근본적인 것은 아니다. 왜냐하면 그 활동들은 개인의 생활과 사회생활을 가능하게 하고 미적인 추구를 전제하고 있기 때문이다. 그런데 교육제도가 여가와 예술에 초점을 맞추다 보면, 예술적 가치를 위해서 과학을 소홀히 할 수도 있다. 이러한 논조로 스펜서는 최고의 예술은 과학에 기초한다는 다소 극단적인 주장을 펴기도 했다.

Ⅳ. 교육적 의의

스펜서는 19세기 사회사상에 가장 큰 영향을 미친 인물로 평가된다. 하지만 아이러니하게도 주류 학계에서 활동하지도 않았고, 제자를 두지도 않았다. 따라서 그가 죽은 지 얼마 지나지 않아 그의 이름은 잊혀져 갔다. 그러나 스펜서의 사상은 여전히 많은 이들에게 계승되어 끊임없이 살아 숨 쉬고 있다. 이러한 스펜서 사상의 교육적 의의를 간추려보면 아래와 같다.

첫째, 현대 기능주의 교육이론에 많은 영향을 주었다. 인간과 자연세계의 본질적 속성을 동일한 것으로 간주하고 자연세계와 마찬가지로 사회를 유기체로 보는 시각은 플라톤 이래로 계속 유지되었다. 하지만 이를 체계적으로 발전시킨 사람은 바로 스펜서이다. 한때 '누가 스펜서를 읽는가?'라며 스펜서의 사상을 평가절하하기도 했던 기능주의 교육사회학자 파슨스(T. Parsons)는 30년 후 재판된 스펜서의 책에 서문을 쓰며, 여전히 그의 사상이 학문적 의의를 갖고 있음을 인정하였다.

둘째, 교육과정의 이론과 내용의 발달에 크게 기여했다. 스펜서는 교육과정에 들어갈 내용에 대해 깊은 관심을 보였다. 또한 기존의 교육과정이 지나치게 추상적이고 실용성과는 거리가 멀다고 비판하기도 하였다. 스펜서의 교육과정 이론은 1918년 미국교육위원회(NEA)에서 주창한 중등교육의 7대 목적에 그대로 반영되었다. 뿐만 아니라 이후 교육과정의 선정에서 주요 기준이자 지침으로 활용되었다.

셋째, 스펜서의 교육이론은 최근 논의되고 있는 신자유주의적 입장에 근거한 교육개혁을 이해하는 데 준거자료로 활용될 수 있다. 자유방임주의 고전경제학에 바탕을 두고 있다는 점에서 신자유주의적인 교육개혁과 스펜서의 교육이론은 궤를 같이한다. 따라서 스펜서의 사회이론과 교육이론은 신자유주의적 교육개혁의 전개와 발전방향을 예측하는 도구 역할을 한다. 동시에 스펜서의 이론은 신자유주의 모형이 가진 취약점을 인식하고 이에 대한 보완책을 마련하는 데도 도움을 줄 수 있다.

더 읽을거리

박노자(2005). 『우승열패의 신화』. 서울: 한겨레신문사.
전복희(2007). 『사회진화론과 국가사상』. 서울: 한울아카데미.
박성진(2003). 『사회진화론과 식민지 사회사상』. 서울: 선인.
서진수(1997). 『고전경제학파 문헌목록』. 서울: 한국문화사.
철학연구회(2003). 『진화론과 철학』. 서울: 철학과현실사.
Dawkins, R. 홍영남 역(2006). 『이기적 유전자』. 서울: 을유문화사.
Kats, L. R. 김성동 역(2007). 『윤리의 진화론적 기원』. 서울: 철학과 현실사.

제18장 블룸

Benjamin Bloom, 1913~1999

교육은 중등교육이나 고등교육의 이슈로서
끝나는 것은 아니다. 변천하는 현대사회는
본질적으로 형식적, 비형식적 교육이
생애를 통하여 계속되기를 요구하고 있다.
사람은 누구나 어떻게 하면 현명한 시민이
될 수 있는지를 배워야 하며, 세상의 변화와
그것이 우리에게 끼치는 영향이 무엇인가를
이해하지 않으면 안 된다. 교육은 그것이
학교이든 또는 다른 어떤 수단이든 간에 결코
멈춤이 없는 과정으로서 파악되어야 한다.

—『교육평가 핸드북』에서

Ⅰ. 생 애

블룸은 1913년 펜실베이니아의 랜스포드(Lansford)에서 태어났다. 1935년 펜실베이니아 주립대학에서 학사와 석사학위를 받았으며 1942년 3월에 시카고 대학에서 교육학 박사학위를 받았다. 1942년에서 1943년까지는 시카고 대학에서 시험 관리 위원회 직원으로 근무했으며 1959년까지 사정관으로 근무했다.

1944년 시카고 대학 교육학과에서 처음으로 전임강사가 되었으며 1970년에는 선임교수가 되었다. 또한 이스라엘, 인도 및 그 밖의 국가들의 교육자문으로 재직하였으며 초창기의 국제적 연구를 주도하고, 세계 각국의 교육과정 센터의 설립을 도왔다.

주지하다시피 블룸은 교육과정 · 교수 · 학습 · 교육평가 분야에서 탁월한 이론을 남겼다.

블룸의 업적 중에서 가장 중요한 것은 '교육목표분류'이다. 학습목표는 학습자가 학습을 통해 배우고 익혀야 할 내용과 행동을 상세하게 진술한 문장이다. 그는 시카고 대학의 시험 관리 위원회에 재직할 당시 스승이었던 타일러(R. W. Tyler)와 함께 인지구조에 따라 교육목표를 구분하는 작업을 수행했다. 그것은 대학 사정관들이 좀 더 쉽게 학생들과 교육적 성과를 평가하기 위한 것이었다. 1956년 발간된 『교육목표 분류학(*Taxonomy of educational objectives: Handbook 1, the cognitive domain*)』이 바로 그의 작업이자 연구의 결과이다.

이와 같은 교육목표의 분류는 그의 '완전학습 이론'과 결합하여 교육에 대한 블룸의 이론 전체를 구성한다. 그는 현대의 학교학습체제가 비능률적이고 낭비적인 교육적 관행을 답습하고 있다고 비판하면서 캐롤(Carroll)의 학교학습 모형을 개선·발전시켜 새로운 학습모형을 제시하였다. 이러한 학습 원리를 완전학습이라고 한다. 완전학습 이론은 1968년 발표한 논문 "완전을 위한 학습(*Learning for mastery*)"에서 처음으로 알려지기 시작하였고, 『완전학습(*Master learning: theory and practice*, 1971)』과 『인간의 제 특성과 학교학습(*Human characteristics and school learning*, 1976)』을 통해 그 완성형태가 드러나게 된다.

Ⅱ. 교육 사상: 교육목표 분류와 완전학습

블룸은 인간의 학습능력을 인지적·정의적·신체적 영역의 세 가지로 구분한다. 이 분류 중에서 인지적 영역(cognitive domain)은 여섯 가지의 위계적 능력으로 세분화된다. 이들 여섯 가지 능력은 각각 전단계 능력을 선수조건으로 한다. 예를 들어, 적용력은 '지식'과 '이해력'을 바탕으로 이루어지는 능력이다. 이들 능력을 크게 두 가지로 구분하면 지식, 이해력, 적용력은 기본적 기능에 속하고, 분석력, 종합력, 평가력은 고등정신 기능에 속한다. 블룸은 이를 다음과 같이 정리하고 있다.

- 지식(Knowledge): 인지나 재생에 의하여 사실, 개념, 원리 등 학습한 내용을 기억해 내는 행동
- 이해력(Comprehension): 어떤 자료의 내용에 포함되어 있는 뜻을 이해하는 능력으로, 번역, 해석, 추리 능력 포함
- 적용력(Application): 특정한 구체적 사태에 추상적 개념을 사용할 수 있는 능력, 즉 개념·방법·원리를 새로운 문제에 적용하는 능력
- 분석력(Analysis): 자료를 상대적인 위계가 뚜렷해지거나 표시된 아이디어가 분명해지도록 구성요소나 부분으로 나누는 능력. 분석에는 요소, 관계, 조직 원리를 분석하는 능력 포함
- 종합력(Synthesis): 전체를 구성하는 여러 요소나 부분을 하나로 묶을 수 있는 능력
- 평가력(Evaluation): 어떤 목적에 비추어 자료와 방법의 가치를 판단하는 능력

교육목표를 분류할 경우, 교육과정, 교육방법, 검사기술의 방법에 관한 가설과 문제의 원천을 마련할 수 있다.

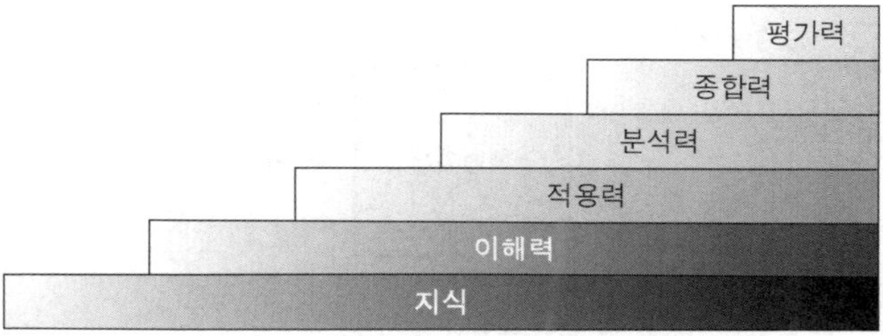

<그림 6> 지적 영역의 교육목표 분류

나아가 수업시간에 가르쳐야 할 내용이 정확히 무엇인가를 알 수 있다. 뿐만 아니라 수업 후의 학습 결과를 정확하게 판단할 수 있고, 가르쳐야 할 내용이 분명해졌으므로 어떤 전략과 기법을 활용해서 가르쳐야 하는지 명확하게 하여, 교사들이 수업 시간을 적절하게 관리하고 통제할 수 있다.

블룸은 교육목표의 분류를 완전학습이론으로 승화하여 교육의 체계를 구상한다. 완전학습은 적절한 교수방법과 교재를 제공한다면 대부분의 학생들(90% 이상)은 교사가 가르치는 바를 95%이상 습득할 수 있다는 개념이다. 전형적인 집단수업 상황에서 대부분의 학습자(75~90%)에게 상위 25%의 학생들이 성취한 것과 동일한 수준으로 성취할 수 있게 한다. 그것은 전통적인 교수학습법에 비해 학습을 더욱 효율적으로 만들고, 교과에 대한 학생들의 흥미 및 태도를 높인다.

블룸의 완전학습이론은 학습자의 특성, 수업, 학습 성

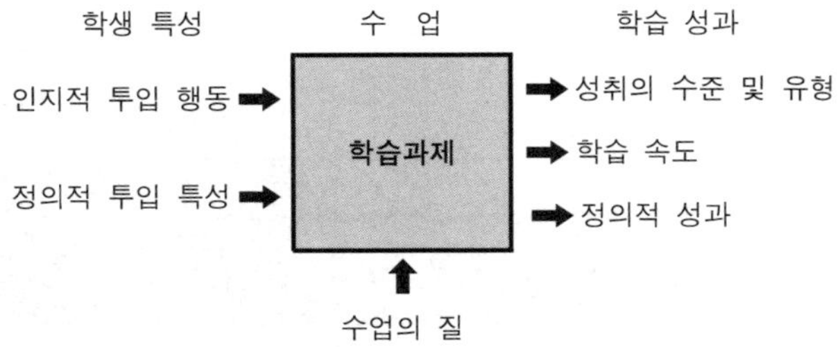

<그림 7> 학교학습이론의 주요 변인

과 세 가지를 그 구성요소로 한다. 모든 학교학습은 다음의 표 형태로 이루어지는데, 이것은 수업을 중심으로 세 가지 요소를 종합한 것이다. 수업활동은 수업에 참여하는 학습자의 특성과 수업사태의 여러 가지 조건들 간의 상호작용의 결과로 설명된다. 이러한 수업활동의 결과로서 학습자에게 일어나는 현상이 학습 성과이다. 학습 성과를 결정하는 변수는 학습자 특성에서 인지적 투입행동과 정의적 투입행동으로 설명되고, 수업활동의 변수는 수업의 질로 설명된다. 따라서 이 세 가지 변수는 학교학습 상황에서 학생들 간의 학습 성과의 차이가 왜 발생하는지 설명해 준다. 이런 결과는 학생들의 학습 성과의 질과 수준을 변화시키려고 할 때 이용할 수 있다.

블룸은 시카고 대학에서 학생들을 가르칠 때, 완전학습 모형을 적용했다. 그는 우선 자신의 강의를 교과서의 장을 중심으로 여러 개의 작은 단원으로 나누었다. 그리고 각 단원마다 진단검사를 실시하여 그 단원을 완전히 학습하였는가를 확인해 보았다. 완전히 성취하지 못한 학습자가 발생한 경우 그에게는 적정한 처방을 제시했다. 처방을 수행한 학습자는 다시 검사를 통해 완전성취의 여부를 확인받고 다음 단원으로 넘어가게 했다.

Ⅲ. 교육적 의의

블룸은 20세기를 온전하게 살다 간 인물이다. 그러므로 그의 교수-학습론은 현재성을 띤다. 평가하기에 이른 감도 있다. 또한 블룸의 교육이론에 대하여 다음과 같은 물음을 던질 수도 있다.

끊임없이 변하는 지식정보호화·자기주도적 학습사회에서 완전학습이 필요한가?

이 물음에 어느 정도 긍정적인 답변이 가능하다. 왜냐하면 지금도 학교 상황에서는 학습결손에 대한 대비책이 전무한 상태이며 이로 인해 그 이후의 학습이 어려워지기 때문이다. 사소하게 시작된 학습결손의 누적은 학습의욕의 저하를 가져올 것이고, 이는 자기학습 또한 어렵게 만들 것이다.

블룸의 완전학습 모형은 그것의 기계적 적용가능 여부를 떠나, 수업상황에서 발생하는 학습결손에 대한 해결책의 일반모형으로서 여전히 유효하다.

더 읽을거리

Bloom, B. S.(1976). 김호권 역(1977). *Human Characteristics and school learning.* 『人間의 諸特性과 學校學習』. 서울: 한국능력개발사.

Bloom, B. S. 김호권 역(1977). 『교육평가총론: 교과학습의 형성적 평가와 총괄적 평가』. 서울: 한국능력개발사.

Bloom, B. S. 황정규 역(1972). 『교육혁신』. 서울: 배영사.

Bloom, B. S. 임의도 · 고종열 · 신세호 역(1968). 『교육목표분류학: 교육목표의 분류 및 평가의 실제. 1. 지적영역』. 서울: 배영사.

Bloom, B. S. 임의도 · 고종열 · 신세호 역(1968). 『교육목표분류학: 교육목표의 분류 및 평가의 실제. 2. 정의적 영역』. 서울: 배영사.

Bloom, B. S. 김호권 · 이성진 · 김상호 역(1989). 『교육평가핸드북: 교과학습의 형성적 평가와 총괄적 평가』. 서울: 교육과학사.

제19장 브루너

Jerome Seymour Bruner, 1915~

기본 개념을 가르치는 데 가장 중요한 것은
어린이가 구체적 사고로부터
보다 개념적으로 적절한 사고방식을 사용하도록
어린이를 도와주는 일이다.

—『교육의 과정』에서

Ⅰ. 생 애

브루너는 1915년 뉴욕에서 태어났다. 그는 현재 뉴욕대학의 심리학 연구교수로 재직 중이다. 12살 때 아버지가 사망하자 그의 가족들은 잦은 이사를 다녀야 했고 학교도 자주 옮겨야 했다. 그럼에도 불구하고 우수한 성적으로 듀크대에 입학하였으며 1937년에 학사학위를 받았다. 듀크대에서 대학원 생활을 1년간 한 후 하버드의 심리학과로 옮겨 라슬리(K. S. Lashley)의 지도하에 동물의 지각에 대해 연구했다. 그 후 사회심리학에 흥미를 가지게 되었고, 1941년에 나치의 선전기술에 관한 연구로 박사학위를 취득했다. 제2차 대전 중에는 연합군 최고사령부의 심리작전부에 근무했다.

이후 1952년부터 1972년까지 하버드의 심리학과 교수로 재직하였다. 1960년에는 동 대학의 인지연구소 설립을 주도하였으며, 미국 심리학회(APA) 회장을 역임했다. 1972년에는 직접 요트를 몰고 영국으로 건너가 옥스퍼드대학의 실험 심리학실에서 1980년까지 연구를 하기도 했다. 그 결과는 영국의 발달 심리학계에 적지 않은 영향을 미쳤다. 최근 그의 연구는 종전의 인지심리학을 넘어 지식의 문제뿐만 아니라 인간 발달과 마음의 문제를 다루고 있다.

브루너가 학문영역에 기여한 바는 반세기 동안 심리학계를 지배하고 있던 행동주의 심리학의 대안으로서 인지심리학을 수립하고 발전시켰다는 점이다. 특히 그의 이론은 미국과 영국의 교육개혁에서 중요한 단서가 되었다.

Ⅱ. 기본 사상: 교육과정 이론의 확장

브루너는 일반적으로 교육과정 이론가로 알려져 있다. 하버드 대에 재직할 때의 연구가 교육과정 이론의 대표적인 것으로 간주된다. 그러나 그의 사상적 흐름은 시기별로 상당한 차이를 보인다.

브루너의 사상적 궤적은 크게 세 단계로 구분된다. 첫째 시기는 1971년까지의 하버드 대학교 시절이다. 두 번째는 1971년에서 1979년까지의 옥스퍼드 대학교 시절, 세 번째 시기는 현재까지의 뉴욕 대학교 시절이다.

첫 번째 시기의 핵심 주제들은 의도(intention), 의미(meaning), 그리고 문화(culture)였다. 대체적으로 이 시기에는 인지 혁명, 의미의 문제, 문화의 진화적 도구성을 다루었다. 특히 인지문제와 관련하여 『사고에 대한 연구(*A Study of Thinking*, 1956)』에서 개념학습에서의 문제 해결 전략을, 『인지능력의 성장(*Studies in Cognitive Growth*, 1966)』에서는 3가지 표현양식(*mode of representation*)을, 『앎에 대하여(*On Knowing: Essays for the Left Hand*, 1962)』에서는 앎의 문제를, 『교육의 과정(*The Process of Education*, 1960)』에서는 지식의 구조를, 『수업이론입문(*Toward a Theory of Instruction*)』에서는 구조와 관련한 수업 이론을 제시하였다.

두 번째 시기에는 인식론, 실제의 문제 등이 연구되었다. 이 시기 3가지 핵심주제는 구성주의, 기능주의, 그리고 지식의 사회적 맥락이다. 구성주의 문제에서 그는 피아제의 전통에 서 있다. 지식은 이미 만들어져 있거나 주어져 있는 것이 아니라 끊임없는 상호작용 속에서 창안된다. 이런 점에서 생득설, 경험론, 정보처리이론과 대조를 이룬다. 지식 구성은 능동적이며 참여적인 것일 뿐만 아니라 사회적 맥락을 필요로 한다.

세 번째 시기에서 브루너는 문화와 인간발달에 대해 새롭게 조망한다. 1980년대는 자서전적 담화(narrative)와 자아, 사고양식으로서의 담화, 문화로서의 발달이론에 대한 연구들을 수행했다. 1990년대 들면서 의미 행위의 연구에서 일상심리학(Folk Psychology)을 제안하였는데 이는 문화, 마음, 교육을 새로운 시각으로 조망할 수 있는 교육과정 패러다임이다.

Ⅲ. 교육 사상: 지식의 구조

1957년에 소련이 인공위성 스푸트니크호를 발사한 사

건은 미국 사회의 모든 영역에, 특히 교육계에 강한 충격을 주었다. 이를 계기로 1959년에 보스턴 근교의 우즈 호울(Woods Hole)에서 미국의 교육을 재점검하기 위한 회의가 열렸다. 브루너는 이 회의의 종합보고서인 『교육의 과정』에서 '지식의 구조'를 집중적으로 소개하였다.

지식의 구조는 일반적으로 개념이나 원리라고 한다. 그러나 그것만으로 지식의 구조가 충분히 정의된다고 할 수는 없다. 종래의 교실에서 가르쳐지던 교과와 학자들이 연구하는 학문 사이에는 현격한 차이가 있다. 왜냐하면 교실에서 가르치는 교과에는 학문의 기본적 성격이라고 할 만한 것이 결여되어 있기 때문이다. 기본적 성격이 결여된 학문은 학문이 아니라 겉으로 보기에만 학문인 것, 즉 학문의 '중간언어'이다. 이 점에 비추어 이것을 다시 한 번 규정한다면, 지식의 구조는 해당 학문의 성격을 충실히 반영하여 가르쳐지는 교과, 또는 한마디로 학문답게 가르쳐지는 교과를 가리킨다고 말할 수 있다.

그러면 학문의 성격을 충분히 반영하는 교과란 무엇인가? 그것은 해당 학문이 고유한 기본성격—구조적 성격—을 가지고 있는 것을 말한다. 예를 들면 물리학에는 여러 가지 일반적 개념과 원리가 담겨 있다. 물리학이라는 것은 그러한 개념과 원리가 특이한 방식으로 관련을 맺고 있는 학문이다. 물리학이 물리학인 것은 그 개념과 원리의 관련방식—구조적 특징—이 생물학과는 구별되기 때문이다. 그러므로 물리학의 주요 특징은 개념과 원리가 아니라 관련방식이다. 지식의 구조는 이러한 관련방식이 포함된 지식을 말한다. 이러한 관련방식이 없는 지식은 '중간언어'에 불과하다.

브루너는 "물리학을 공부하는 초등학교 3학년 학생은 물리학자와 동일한 일을 한다"고 말한 바 있다. 이는 "어떤 교과이든 지적으로 올바른 형식으로 표현하면 어떤 발달단계에 있는 아동에게도 효과적으로 가르칠 수 있다"는 의미이다. 이러한 그의 가설은 '나선형 교육과정'의 형성에 많은 영향을 주었다. '나선형 교육과정'은 동일한 교과가 점점 깊이와 폭을 더해 가면서 심화되도록 조직된 교육과정이다.

브루너는 지식의 구조를 가르치는 방법상의 원리로서 '발견학습'을 제안한다. 이는 교사 중심의 기계적이고 암기 위주의 전통적인 교수방법을 대체하는 것이다. 그 기원은 소크라테스의 대화법과 루소의 아동 교육 사상이다.

브루너는 학습과정을 학습자가 정보를 선정하고, 새로운 가설을 만들어내며, 이미 존재하는 정신적 구인들을 새로운 경험들과 통합하여 결정하는 과정이라고 생각했다. 발견 학습은 학습자 스스로 지식을 습득하는 것을 말한다. 교사는 학생이 탐색하고 조작하고 발견할 수 있는 여러 가지 활동들을 안내한다. 학습자는 그런 활동들을 통하여 여러 가지 정보를 탐색하고 분석하고 만들고 검증하는 과정을 경험한다. 그런 과정들을 통해서 문제에 관한 기술들과 지식에 내재해 있는 원리와 법칙들을 스스로 발견한다.

여기서 발견은 우연히 얻어지는 것이 아니다. 발견학습이 성립되기 위해서 학습자는 일정한 지식의 구조를 준비하고 있어야 한다. 교사는 새로운 학습 자료를 구조화하여 제시함으로써 학습자가 그것을 자신의 기존 지식구조와 관련짓고, 그 속에서 새로운 원리와 법칙들을 발견하여 새로운 지식구조로 발전시켜 나가도록 해야 한다.

브루너는 발견학습의 과정을 '연속적인 가설 검증의 과정'이라고 보았다. 이는 문제인식-가설설정-가설검증-결론짓기의 4단계로 구분된다.

- 문제 인식: 생활에 직결된 과제가 아니라 교과의 구조로서 발견할 과제에 대해 학습자가 명확히 파악하는 단계
- 가설 설정: 여러 가지 자료를 수집하여 직관적인 사고에 의한 창조적 가설의 착상단계
- 가설 검증: 증명, 실험, 자료 등을 통해 가설을 검증하는 단계
- 결론 짓기: 검증된 내용을 일반화시키며, 발견한 원리를 구체적 장면에 응용하는 지식 전이의 단계

이러한 발견학습을 극대화하기 위해 브루너는 교사가 학습자의 학습 성향과 지식 체계의 구조화, 학습 자료의 효과적인 제시와 순서, 그리고 학습자의 동기 유발을 위한 적절한 강화를 고려해야 한다고 말한다.

Ⅳ. 교육적 의의

브루너의 『교육의 과정』은 '학문중심 교육과정(discipline-centered curriculum)'이라 불리는 새로운 교육과정의 동향을 마련하는 결정적 계기가 되었다. 이 교육과정은 종래의 '교과중심'·'경험중심' 교육과정과 대비된다. 그러나 교육의 마지막 단계에서 실현될 수 있는 이상을 그 첫 단계에서부터 실현하려고 한 시도는 그것이 가지고 있는 결정적 한계이다. 그럼에도 불구하고 '지식의 구조'는 형식도야이론에서 중요시하는 일반적 전이를 강조한다는 점에서 교과의 성격을 밝히고 그에 맞는 교수법을 구상하는 데 중요한 의미가 있다. 일반적 전이가 교과라는 형식에 의하여 이루어지는 만큼, 교육에서의 관심은 교과에 있다. 물론 형식도야이론도 교과에 관심을 두지 않는 것은 아니지만, 그 관심은 어디까지나 교과가 마음의 능력을 개발하는 수단이 된다는 점에 있다. 그러다 보니 교과 그 자체의 의미나 내용에 관해서는 별다른 설명을 하지 않는다. 반면 '지식의 구조'는 교과의 의미와 내용에 관심을 기울이지 않을 수 없다.

아울러 그가 제시한 교육내용의 조직형태로서 나선형 교육과정도 교사의 자질과 삶의 방식에 특별한 요구를 반영하지 못한다는 평가를 받는다. 또한 교수방법으로서의 발견학습은 언어의 형식으로 교사가 주도하는 학습에 반대한다는 이유로 비판받아 왔다. 그러나 그것이 학생들의 지적 잠재력을 개발하고 지적 쾌감을 맛보며 새로운 문제에 도전하려는 강한 의욕을 갖게 한다는 것은 분명하다. 나아가 발견 활동을 통하여 알게 된 내용은 머릿속에 기억되는 시간이 길다는 장점도 있다.

더 읽을거리

Bruner, J. S. 이홍우 역(2005). 『교육의 과정』. 서울: 배영사.

Bruner, J. S. 강현석 · 이자현 역(2005). 『교육의 문화』. 서울: 교육과학사.

제20장 슈타이너

Rudolf Steiner, 1861~1925

진리가 독립된 것이 아니라,
인간의 감각에 의존하고 있다면 진리는
모든 인간의 유일한 목표가 될 수 없다.
우리가 진리를 향하여 노력하는 행위 자체가
진리의 독립된 본성을 증명해 주고 있다.
—『신지학』에서

Ⅰ. 생 애

슈타이너는 1861년 현재 크로아티아 지역인 크랄에벡에서 태어났다. 유년시절 자연의 아름다움과 미지의 세계에 대해 많은 관심을 가졌다. 중등학교와 대학교 시절 칸트, 피히테, 셸링, 헤겔 등과 같은 학자들의 저서를 탐독한 후 인간의 정신적 세계는 '인간에 대한 인식'의 문제라고 생각하게 되었다.

대학시절 슈타이너는 예술, 문학, 수학, 자연과학, 철학, 미학 등 다방면의 학문에 두루 관심을 갖게 되었다. 특히 이 시절의 가정교사 경험을 통해 슈타이너 교육학의 근간을 이루게 되는 인간 본성에 대한 인식과 예술 교육의 중요성을 깨닫게 되었다.

이후 슈타이너는 인간에 대한 자신의 인식을 바탕으로 인지학(人智學, anthroposophy)을 창시하고 인지학회를 설립하였다. 1919년 인지학에 바탕을 둔 발도르프 학교를 열어 1925년 사망할 때까지 학교 운영에 몰두하였다.

주요 저서로는 『괴테 자연과학 논문집』, 『초감각적 세계인식』, 『신비학 개론』 등 다양한 방면의 연구성과가 있다.

Ⅱ. 기본 사상: 인지학

슈타이너는 괴테의 인식론에 상당부분 영향을 받으면서 자신의 인식론인 인지학을 확립한다. 인지학은 인식론적 측면에서 다음과 같은 입장을 취한다. 보이는 세계 배후에 보이지 않는 세계가 있다. 감각과 감각에 관련된 사고에 국한된 사람에게는 보이지 않는 세계가 계속적으로 숨겨져 있다. 그러나 사람 안에 잠자고 있는 능력을 개발함으로써 이 숨겨진 세계에 파고들 수 있다. 이처럼 슈타이너는 정신세계를 과학적으로 탐구하는 인식방법과 이를 위하여 인식 능력을 개발하는 것을 인지학이라고 보았다.

하지만 슈타이너는 인지학이 다른 신비주의적 경향과는 달리 합리적이고 과학적인 체계를 갖추고 있다고 강조한다. 그는 정신세계를 과학적으로 탐구하는 인식방법과 이를 위하여 인식 능력을 개발하는 것이 곧 인지학이라고 이해하고, 인지학을 정신과학이라고 한다. 인지학은 물질세계에 대한 자연과학적 지식만을 고려하는 것이 아니다. 보이는 물질세계 배후의 보이지 않는 정신세계의 존재를 인정하고, 이것에 대한 지식까지 포함한다. 이런 점에서 인지학은 우주에 대한 정신적 관점에서 연역된 과학적 인식론, 즉 일종의 합리적 신비주의(rationalized mysticism)의 인식론이다.

인지학에 기초한 슈타이너는 인간 존재 구성의 특성,

인간의 기질에 대해 독특한 시각을 가지고 있다. 하나의 인간 존재를 물질체(physical body), 에테르체(etheric body), 아스트랄체(astral body), 자아(ego) 등으로 구별하였다. 물질체는 눈에 보이는 신체로서 생명이 없는 광물의 성질을 지니며, 죽음과 동시에 소멸되는 것이다. 에테르체는 생명력을 지니는 몸을 말하므로, 유기체인 동물과 식물 또한 에테르를 지닌다고 말할 수 있다. 아스트랄체는 감정이나 욕망을 가진 몸을 말하며, 외부 자극에 대해 내면적 반응을 보이는 동물 또한 이러한 특성을 가지고 있다. 자아는 기억을 통해 인간의 개성을 표현하는 것이다. 인간은 자아를 통해 체험한 것을 기억하고 이를 통해 인간이라는 개체 중에서 자신만의 고유한 특성을 만들어 나간다. 물질체가 광물, 에테르체가 식물, 아스트랄체가 동물과 같은 특성을 지니는 데 비해 자아는 인간만이 지니는 특성이다.

또한 슈타이너는 인간의 기질을 담즙질, 다혈질, 점액질, 우울질의 네 가지의 유형으로 분류하였다. 담즙질은 청소년기에 주로 나타나는 기질로 쉽게 흥분하고 화를 내며, 다혈질은 아동기에 많이 나타나는 기질로 새로운 것을 찾아 나서는 호기심이 많지만 오래 지속되지는 못하는 기질이다. 또 점액질은 노인들에게서 쉽게 볼 수 있는 기질로 인내심이 많고 침착한 기질을 말하며, 우울질은 장년층 성인들에게서 흔히 볼 수 있는 기질로 인생에 대해 걱정이 많아 부정적인 생각을 자주 하는 사람들이 갖고 있다. 이러한 슈타이너의 기질론에서 중요한 사실은 사람이 단지 하나의 기질로만 구성된 것은 아니며, 모든 기질을 가지지만 그중 어느 하나가 더 우세하게 나타난다는 점이다.

Ⅲ. 교육 사상: 발도르프 학교

슈타이너는 인간의 발달단계를 7년 단위의 3단계—영유아기, 아동기, 청소년기—로 나누고 그에 맞는 교육을 주장하였다. 유아기(0~7세)의 아이들은 주로 모방을 하는 것으로 보고, 모방할 만한 환경을 제공하는 것을 최우선으로 보았다. 아동기(7~14세)의 아이들은 신체발달의 힘이 생기고, 기억력이 발달하고, 모방이 아닌 직접 체험을 통해 무언가를 알아가려 한다. 이 시기의 교사는 권위를 지녀, 아이들이 믿고 잘 따를 수 있도록 해야 한다. 청소년기(14~21세)의 아이들은 사고력이 발달하기 시작한다. 따라서 교사는 아이들이 개념적이고 추상적인 사고를 할 때 정확한 판단을 할 수 있도록 교육해야 한다.

슈타이너의 교육 사상은 그가 설립한 발도르프 학교의 교육과정 속에 고스란히 녹아들어 있다. 발도르프 학교의 교육목표는 자신의 삶을 어디로 이끌지 아는 인간을 기르는 것이다. 인간이 자유롭기 위해서는 자기 바깥의 세계에 관해 아는 것뿐만 아니라 내면의 자기 자신을 알아야 한다. 내면의 활동인 의지, 감정, 사고 활동을 개발하여 창조적으로 자신의 삶을 의식적으로 이끌어 나갈 수 있다. 슈타이너는 발도르프 학교만의 교육목표를 실현하기 위해 기존의 학교와는 다른 독특한 교육과정을 운영하였다.

발도르프 학교 교육과정의 특징은 다음과 같다.

첫째, 교육내용의 예술적 구성이다. 발도르프 학교의 모든 수업은 예술적인 요소를 지니고 있다. 따라서 읽기보다 쓰기를 먼저 가르치며, 쓰기 또한 글자보다 그림의 형태로 가르친다. 음악이나 문학작품에 대한 느낌을 자신의 몸으로 표현하는 오이리트미는 수업의 예술적 구성이 잘 드러난 예이다.

둘째, 8년 담임제의 실시이다. 슈타이너는 교사가 학생의 기질을 파악하고 그에 맞는 교육을 하는 것이 중요하다고 보았다. 이에 따라 교사는 8년이라는 기간 동안 담임을 맡아 학생을 기질에 맞게 지도함으로써 학생과 긴밀한 유대관계를 형성할 수 있다.

셋째, 주기집중수업(Epochenunterricht)의 실시이다. 주기집중수업이란 주요과목을 한 주기(3~6주) 동안 매일 2시간 정도씩 집중적으로 수업하는 것을 말한다. 외국어와 같이 매일 조금씩 익혀야 하는 과목은 주기집중수업에서 제외된다.

넷째, 교과서와 시험이 없다. 발도르프 학교에는 정해진 교과서가 없고, 학생 개개인이 수업을 통해 자기만의 노트를 만들고 이를 교과서로 활용한다. 또한 인간에게 등급을 매길 수 없다는 판단 아래 시험을 실시하지 않으며, 성적표 또한 없다. 대신 교사가 학생의 특성을 기술하여 일종의 학력증명서로 발급하고 있다.

Ⅳ. 교육적 의의

슈타이너의 발도로프 교육은 우리에게 색다른 교육경험을 제시하고 있다. 인간과 세계 그리고 교육에 대해 새로운 시각으로 바라볼 수 있는 가능성을 시사해 준다. 첫째, 인지학적 교육론은 전인교육을 지향하고 실천한다. 전인으로 교육한다는 것은 아이의 모든 부분을 다 발달시켜 팔방미인을 만들자는 의미가 아니다. 전인교육은 인간에 대한 이해 자체가 부분의 합으로서가 아니라 자체로서 통합된 것으로 인식할 때 가능하다.

둘째, 발도로프 학교는 주입식 교육을 통한 성적 위주의 학교교육에 반대한다. 예술 교육과 학생 개인에 맞는 교육을 중요시한 발도로프 학교는 교육적으로 성공한 것으로 평가받고 있다. 여기에서 교육적 성공이란 우리가 흔히 말하는 유명한 대학의 입학이나 경제적 지위 획득의 개념이 아니다. 학생 스스로 자신의 인생을 자유롭게 설계하고, 책임감 있는 삶을 살 수 있다는 것을 말한다.

이처럼 발도로프 학교에는 우리 교육이 지닌 부족한 점을 보완할 수 있는 부분이 있다. 따라서 발도로프 학교가 지닌 장점을 우리나라 교육실정에 감안하여 적용한다면 새로운 차원의 교육을 모색할 수 있을 것이다.

더 읽을거리

Steiner, R. 김성숙 역(2003). 『오이리트미 예술』. 서울: 물병자리.

Steiner, R. 양억관 역(2001). 『신지학』. 서울: 물병자리.

Steiner, R. 최혜경 역(2007). 『인간에 대한 보편적인 앎』. 서울: 밝은누리.

Steiner, R. 김성숙 역(2001). 『교육은 치료다』. 서울: 물병자리.

Steiner, R. 최혜경 역(2006). 『발도르프 학교와 그 정신』. 서울: 밝은누리.

Steiner, R. 이정희 역(2008). 『루돌프 슈타이너의 정신과학에서 바라본 아동교육』. 서울: 섬돌.

Steiner, R. 최혜경 역(2007). 『자유의 철학』. 서울: 밝은누리.

제21장 케르셴슈타이너

Georg Kerschensteiner, 1854~1932

공교육을 통하여 최고의 내적인 도덕적 선과
최고의 외적인 선이 상호적인 제약 관계에
있다는 인식이 확산되면 될수록, 그리고 이러한
인식의 결과로 모든 교육대책들이 윤리적
국가 개념의 관점에 부합되면 될수록
주어진 국가는 이상적인 도덕적 공동체로의
방향으로 보다 더 진행한다.

—『노작학교의 이론과 실천』에서

Ⅰ. 생 애

케르셴슈타이너는 1854년 독일의 가난한 가정에서 태어나 엄격한 가정 분위기에서 성장하였다. 케르셴슈타이너는 자서전에서 특히 그의 아버지는 자녀 교육에 매우 엄하여, 유년시절의 모든 행위를 통제하였다고 밝히고 있다. 대신 사려 깊고 교육적인 어머니의 영향으로 노동의 중요성과 돈의 소중함에 대하여 어려서부터 배웠다고 한다. 이러한 가정과 사회의 영향으로 인하여 케르셴슈타이너는 사범학교 시절부터 단순한 암기만을 강조하는 학교의 교수법에 반감을 갖게 되었고, 이에 대한 저항으로 능동적이며 창조적인 재능을 발휘할 기회를 찾다가 결국은 노작활동에 대한 자신의 견해를 갖게 된다.

또한 1877년부터 뮌헨대학 시절에는 수학과 물리학을 전공하면서도 음악, 미술, 체육에 흥미를 갖기도 하였다. 특히 독일 국민음악의 거장인 바그너와 통일 독일을 이룩한 비스마르크를 높이 평가하였다. 그는 초등학교와 김나지움에서 교사로 근무하였고, 교육이론과 실제에서의 역량을 인정받아 1895년 뮌헨시의 장학관으로 부임하여 많은 업적을 남기게 된다.

그는 '성격교육', '국민교육(공민교육, 시민교육 등으로 해석되기도 함)', '노작교육' 사상으로 교육계에 커다란 반향을 일으켰다. 이러한 그의 활동 덕분에 뮌헨은 교육의 중심지로 각광받게 된다. 이와 같이 케르셴슈타이너는 교사, 교육행정가, 교육사상가로서 두루 영향을 미친 인물이었다.

Ⅱ. 기본 사상: 공동체와 노작

케르셴슈타이너는 인간을 사회적 관계와 사회적 의무의 중심에 놓여 있는 공동체적 존재로 보았다. 따라서 그는 추상적으로 설정된 '학생'에 대한 교육과 수업이 개인적으로 이루어지는 것에 반대했다. 케르셴슈타이너에게 있어서 인간은 사회적·정치적 공동체의 성원이자 '국민'이었다. 여기서 강조되어야 할 것은 개인이 자신을 국가의 절대권력에 내어 주는 것을 의미하는 것이 아니다. 케르셴슈타이너가 이 점에 대해 비판하려고 했던 것처럼 이러한 권력에 '추종'하게 된다는 의미는 아니라는 것이다. 오히려 그는 함께 책임지는 국민을 생각했으며, 책임을 지는 각각의 국민에게 여유 공간을 만들어 주고 이러한 여유 공간에서 자신의 목표를 발견하는 국가를 염두에 두었다.

한편, 케르셴슈타이너는 자신이 하려는 일에서 인간형성의 원칙을 수작업을 통한 교육과 연결시켰다. 이를 통해 그는 정신활동과 손을 써서 하는 활동을 다시 교육적 사고의 영역으로 포함시켰다.

이러한 작업은 페스탈로치와의 연계선상에서 이루어졌으며, 19세기의 주지주의적이고 인문주의적 일변도의 사상을 극복하려는 작업이다. 페스탈로치처럼 그도 손으로 하는 작업과 관련된 영역을 단련하지 않는 사람은 인간으로서 갖추어야 할 중요한 부분을 갖추지 못하게 된다고 보았다. 특히 성향이나 관심 때문에 또는 외적인 이유에서 손으로 일하는 직업세계로 성장해 가는 사람은 더욱 그러하다. 이러한 맥락에서 케르셴슈타이너는 교육에 있어 '노작'을 강조하게 된다.

Ⅲ. 교육 사상: 국민교육과 노작교육

케르셴슈타이너의 교육 사상은 국민교육, 노작교육, 성격교육으로 요약된다. 이 3가지는 그의 교육 사상의 요체요 기본성격이다.

첫째, 국민교육이다. 국민교육은 한 사회가 학교교육에 대해 강하게 요구하는 교육이다. 그것은 '책무성'의 제고에 관계된다. 따라서 '학교교육'이라는 공교육은 사교육과는 달리 한 사회의 발전을 위해 직접적으로 기여해야 한다. 특히 '유능한 국민'의 양성이 무엇보다도 우선되는 본연의 기능과 목적이다. 이런 점에서 국민교육은 공동체의 윤리화에 적극적으로 기여한다.

둘째, 노작교육이다. 노작교육은 케르셴슈타이너가 가장 강조하고 실천했던 것이다. 그는 듀이가 쓴 『학교와 사회(*School and Society*, 1899)』, 페스탈로치의 노작교육 사상을 바탕으로 자기 나름의 노작교육관을 형성하였다. 이후 『노작교육의 개념』(1912)을 집필하여 교육방법으로서의 노작교육을 강조하였다.

이것은 당시 기본형태가 되었던 교과서 중심의 주지주의식 학교형태를 벗어나 미래 산업사회에 대비하는 근로와 노작중심의 학교형태를 지향하는 사상이었다. 그래서 그는 과거의 학교는 '서적학교'지만 미래의 학교는 '직업학교'가 될 것이라고 주장하였다. 케르셴슈타이너는 페스탈로치의 감각교육·직관교육의 일환으로 제기된 소극적 노작교육을 더욱 발전시켜 사회에서 산업의 역군으로 일하기 위한 적극적 노작교육을 주장하였다.

셋째, 성격교육이다. 케르셴슈타이너는 일을 통해서 인격의 통합과 완성을 도모할 수 있다고 보았다. 일을 통한 인성도야! 그가 말하는 국민교육, 직업교육, 노작교육은 이러한 '인성의 도야'라는 기본 전제가 있기 때문에, 서로 상통하고 보완된다.

그는 「성격 개념과 성격교육」(1912)이라는 글에서 직업의 훈련을 통해서 신체기관을 단련하고 근로태도를 양성한다. 동시에 직업생활의 공익성과 윤리성을 섭렵함으로써 직업적 도야의 도덕화를 도모한다. 이를 통해 궁극적으로 국가·사회의 건전한 도덕성을 성취할 수 있다고 보았다.

Ⅳ. 교육적 의의

케르셴슈타이너의 사상에서 중요한 것은 '노작교육'이 궁극적 인격이나 품성의 도야를 위해 활용된다는 점이다. 따라서 그의 노작교육의 원리는 '인격형성을 위한 노작교육'이라는 새로운 지평을 열었다고 평가받고 있다. 오늘날 단순히 기술훈련적 차원의 노작교육을 넘어서 '공예' 수업과 같은 다양한 형태의 노작교육으로 변화되어 세계적으로 확산되어 가는 변화의 기저에도 케르셴슈타이너의 노작교육론이 있다.

또한 케르셴슈타이너 교육은 '실천중심의 교육'을 이루었다는 데 커다란 의의가 있다. 대다수의 교육형태가 먼저 이론이 있고 그에 맞는 실천을 만들어내는 과정을 거치는 반면, 그의 교육에서는 항상 실천이 최우선이었다. 실제로 그는 모든 과목의 학습공간이 작업장으로 되기를 기대하였다. 이와 같은 케르셴슈타이너의 실천중심 교육 사상은 지나치게 이론 중심으로 경도되어 있는 우리나라 교육 현실에 시사하는 바가 크다.

더 읽을거리

전일균(2004). 『노작교육론』. 서울: 내일을여는책.

제22장 프레네

Célestin Freinet, 1896~1966

본질적인 교육에 대한 관심은 가능한 가정에서,
그리고 최소한 자기 리듬에 따라 진화하고,
자기 욕구에 부응하는 진정으로
아동에 맞출 수 있는 세계인 학교와
학교 주변에서 실현해야 한다.
그 속에서 아동은 자기 존재의 자연적이고
기능적인 열망에 최대한으로 부응할 수 있는
일-놀이에 내맡길 수 있다.

—『교육론선집』에서

Ⅰ. 생 애

프레네가 교사가 되기 위해 교육대학에 입학하고 교사 생활을 하며 보낸 1910년대부터 1960년대까지는 두 차례의 세계 대전과, 자본주의와 과학의 진보에 대한 신화(myth)와 비판의 대립이 심했던 격동의 시기였다. 이러한 시대 조건은 그가 민주주의와 아동의 활동이 주가 되는 교육을 실천하게 하는 데 큰 영향을 미쳤다.

1896년 니스(Nice)와 이탈리아의 국경과 가까운 농촌 마을인 가르(Gars)에서 태어난 프레네는 1912년 니스의 교육대학에 입학했다. 그러나 세계 제1차 대전에 참전해 1917년 4월 슈맹 데 담(Chemin des Dames) 전투에서 심한 부상을 입게 된다. 이 사건은 그에게 큰 변화를 가져다주었다. 무엇보다도 호흡기관이 불편해지면서 당시 지배적이었던 권위주의적 교사 노릇을 할 수 없었기 때문이다. 이후 아동의 활동이 주가 되는 수업방식을 찾아 나선 프레네는 새로운 교육을 탐색하기 위해 몽테뉴, 루소, 몬테소리의 글을 읽었고, 당시에 설립된 여러 학교와 크루프스카야 등 교육자들을 만나기도 하였다.

프레네는 1924년 학급인쇄출판작업을 시작하여, 1926년 르네 다니엘의 학급과 정기적인 편지 교환을 계기로 학교 간 통신교류를 시작했다. 1928년에는 비종교적 교육을 위한 학교협동체를 창립하여 자신의 혁신을 다른 교사들과 공유하기 시작했다.

그의 정치적 성향에 반대하는 사람들로 인해 공교육체제를 떠난 프레네는 1935년 벙스에 프레네학교(L'École Freinet)를 설립했으나, 2차 대전 기간 동안 그는 가택연금을 당하고, 학교는 폐교되었다. 종전 후 1946년 다시 학교를 연 프레네는 1966년 10월 벙스에서 생을 마감했다.

Ⅱ. 기본 사상: 생성과 일

프레네의 교육 실천을 떠받치는 주요 토대는 크게 두 가지이다. 하나는 '삶을 생성의 과정으로 보면서 인간을 그러한 생성으로서의 삶을 살아가는 총체적 존재'로 인식하는 것이고, 다른 하나는 '일(노동)을 인간의 근본적인 생명원리'로 인식하는 것이다.

프레네는 삶의 기원과 목적을 미리 판단하지 않으면서 삶의 운동 속에서 삶을 받아들인다. 우리는 삶의 정상적인 순환을 관통하는 본성 그 자체의 힘으로 움직이고, 우리 숙명을 실현시키려는 성향이 있다. 우리는 존재의 정상적인 상승을 향한 이 생명적 과정을 실현하면서, 삶이 순환하는 얼개 속에서 힘이라 부르는 최대한의 생명력을 불러일으키려 한다.

이와 관련하여 프레네는 시간이 지나면 씨앗이 싹을 틔우고 알을 깨고 나오는 식물과 피조물의 승리를 확신하는 역능(力能)의 표현으로 당시 유행하던 '생명의 약동' 개념을 자신의 사유기반으로 끌어들인다. 생명의 과정과 약동 개념에 의거해 인간의 삶을 이해하는 프레네의 입장은 다음의 세 가지 측면을 강조하게 된다.

첫 번째는 개인의 건강과 약동(躍動), 개인 안에서의 창조적이고 능동적인 능력을 지속시키는 것, 그리고 아동본성의 일부인, 최대한으로 힘을 실현시키기 위해 언제나 앞으로 나아가려는 가능성을 강조하는 것이다.

두 번째는 그것을 가능하게 하는 교육환경을 풍성하게 잘 갖추는 일이다.

세 번째는 그 환경에서 자연스럽고 생동감 있으며 완성된 교육을 가능하게 하는 학급총서, 자가수정카드, 학습활동계획, 자유 글쓰기, 인쇄출판작업, 학교/학급문집, 학교 간 통신 교류, 나들이 등과 같은 갖가지 설비와 기술을 마련하는 작업이다.

프레네는 '일 애호(愛好)'를 모든 인간 활동을 생성하는 근본적인 심리적 특성이자 생명원리로 이해한다. 그는 이러한 '일 애호'의 관점에서 일의 중요성을 간과하거나, 일보다 놀이를 더 앞세우고 있던 20세기 초 신교육의 대체적인 경향을 비판한다.

그는 일의 창조적이고 형성적인 능력과 일이 주는 일깨움과 자양분을 되살리고자 했다. 그러면서 동기와 목적이 있는 만족감을 주는 일과 일 욕구가 놀이 욕구에 우선한다는 점을 교육실천의 핵심 토대로 삼는다.

Ⅲ. 교육 사상: 민주적 가치와 협동체

프레네는 아동이 자신이 봉사하고, 자신을 섬기는 합리적인 공동체 품속에서 자신의 인격을 최대한으로 발전하게 하는 데 교육의 목적을 두었다. 이 목적에는 우리의 인격을 '합리적 공동체 품속에서' 최대한으로 발전하게 한다는 데 강조점이 있다. 나아가 "아동을 내일 세상에 동참할 수 있는 도덕적·사회적 인간으로, 자기 권리와 의무를 자각하여 그것을 마주 대하는 데 충분히 용감한 일꾼으로, 그리고 지성(知性)을 갖춘 아동이자 인간으로, 탐구자, 창조자, 작가, 수학자, 예술가로 형성하는 일을 중시했다." 여기에서 그는 내일의 세상에 대한 전망과 그 세상에서 인간으로서의 자기 숙명을 다할 수 있는 전인적 인간의 형성을 강조하고 있다.

이런 그의 생각은 "아동의 본성과 우리(어른)의 본성이 같다"는 그의 아동관, 첫 번째 불변법칙으로 집약된다. 그에게 아동은 정확히 어른과 같은 원리에 따라 행동하고 반응하며, 살아가는 존재다. 또한 "어린 시절은 가득 채워야 하는 부대자루가 아니라, 넉넉히 충전된 전지(電池)와 같은 시기"며, 우리 인간은 언제나 어려운 점을 구명하려하고, 중단 없이 능가하며, 사태의 이유를 알아, 문제를 부여하여, 거기서 해결을 찾으려 하는 존재로 이해된다.

이런 인간관계에 근거하여 프레네는 다음과 같은 교수학습의 원리를 제시한다.

* 실험적 모색: 인간은 모색하는 단계를 거치며 진화하는 존재다. 따라서 "습득의 통상적인 방식은 기존학교의 본질적인 과정인 관찰과 설명, 예증(例證)이 아니라, 자연적이고 보편적인 방식인 실험적 모색이다." 효과적인 배움을 위해 필요한 것은 말이 아니라 아이들이 하는 행위와 실험하기다.

* 합자연적 방법: 아이들은 어떤 기계적이고 통제된 방식이 아니라 자연스러운 발달의 흐름에 따라 배운다.

* 자유 표현: 실험적 모색의 원리와 마찬가지로 자유 표현은 우리의 심리적 행동 원리이자 생명의 표명 같은 종(種)의 진화 원리, 그리고 교육과 학습의 원리로 이해된다. 교수학습의 과정에서 자유 표현은 각 개인에게 자신의 느낌과 감정, 인상과 의심을 표현할 수 있게 하는 것으로 나타난다.

* 협력 교육: 교육과 배움은 거의 언제나 협력의 조직을 불러온다. 서로 협력하며 배우는 교육을 강조하면서도 그 안에서 개인의 리듬에 따른 학습을 보장해야 한다. 또한 개별적인 학습을 보장하면서도 그것을 언제나 협력과 공동체의 틀 속에서 조망해야 한다.

프레네에게 학교에서의 새로운 삶은 학교 협력, 즉 교사를 포함한 학교 구성원 모두가 학교의 삶과 일을 운영한다는 점이다. 이는 학교를 일종의 협동체(협동조합)처럼 운영하는 데서 출발한다. 협동체로 운영되는 학교에서 학급은 하나의 공동체이자 공동생활의 장이 된다. 매주 열리는 학급회의는 가장 중요한 교육 수단이다.

프레네 교실에서 교사는 침묵과 힘을 서로 섞어가며 감시하는 데서 나오는 형식적인 질서 대신 학생들의 행동과 일하기에 삽입된, 심오한 질서의 욕구에 주목한다. 질서와 규율의 형성은 외적인 강제에 의해서가 아니라 협력적인 일을 조직하는 것에서 나오며, 아이들은 자기에게 적합한 규칙에 따라 일하고 진보하기를 원하기 때문에 스스로 규율을 형성하게 된다.

초창기부터 프레네가 교육의 주요 대상으로 삼았던 아이들은 특히 노동자계층의 아이들이었으며, 그들을 위한 교육은 프레네의 중요한 관심사였다. 따라서 오늘날 그의 교육실천은 특정계층을 위한 사립학교가 아닌 공립학교 교사들에 의해 주로 실천된다. 그런 차원에서 프레네 교육(학)을 실천하는 사람들은 "민중의 학교는 민중을 위한 사회 없이는 존재할 수 없다"는 대표명제에 따라 기본적으로 사회 부조리 등 현실사회의 조건에 관심을 둔다.

Ⅳ. 교육적 의의

프레네 교육은 협력과 민주주의의 가치를 중심에 놓고도 개별화된 다양한 형식의 교육이 가능할 수 있음을 제시했다. 프레네 학교는 민주적 삶의 방식을 체험하는 학교 운영의 중요성뿐 아니라, 협력과 민주적 가치의 테두리 속에서 개인의 욕구와 재능 그리고 자기 리듬에 따른 교육이 가능할 수 있음을 우리에게 시사한다.

또한 협동체의 형식으로 운영되는 프레네 학교는 학교 구성원들을 사회적 효율성의 도구나 수단으로 인식하지 않는다. 대신 그곳에서 학교 구성원들 각자는 학교의 세계를 창조하고 규정하는 데 적극 참여한다.

프레네는 학습자인 아동을 생명원리인 일에 대한 욕구로 가득 찬 능동적 존재이자 타고난 학습자로 인식한다. 이러한 학습자 인식을 반영하는 학교는 교육공간과 시설 조직의 실제, 자유 글쓰기, 학급인쇄출판작업, 학교 간 통신 교류 같은 실천 가능한 여러 일하기의 도구와 기술들을 우리에게 일러준다.

나아가 실험적 모색과 자유 표현에 토대를 둔 교수학습의 과정은 외적인 강제에 의존하는 지식의 축적이나 암기만이 지성 형성의 올바른 방법은 아니라는 점을 지시한다.

그리고 규율의 형성이 외적인 강제나 조작적 조건화의

방법에 의해서만이 아니라 협력적 일하기에서 나오는 우애와 자연스러운 질서에 기초를 두고 형성될 수 있음을 우리에게 알려준다.

더 읽을거리

Baillet, D. 송순재·권순주 역(2003). 『프레네 교육학에 기초한 학교만들기』. 인천: 내일을여는책.

Francomme, O. & Even, J-N. & 성장학교 별 엮음(2006). 『프레네 학교 이야기』. 서울: 도서출판 별.

제23장 아도르노

Theodor W. Adorno, 1903~1969

아직도 철학이 필요하다면
그것은 지금까지처럼
비판적인 역할로서
증대한 타율성의
견제세력으로서 가능한 것이다.
―『왜 아직도 철학이 필요한가』에서

I. 생 애

아도르노는 1903년 프랑크푸르트에서 출생했다. 그의 아버지는 유대혈통의 부유한 상인이었으며 어머니는 제노바혈통의 성악가였다(그의 이름 중 Wiesengrund는 아버지의 성이며 Adorno는 어머니의 성이다).

18세가 되던 1921년 김나지움을 졸업하고 프랑크푸르트 대학(요한 볼프강 괴테 대학)에 입학하여 철학을 전공하였으나 사회학, 음악학, 심리학 등의 학문도 두루 섭렵하였다. 1924년에는 비정통적 마르크스주의였던 한스 코르넬리우스의 지도하에 후설 현상학에 관한 논문으로 철학 박사학위를 취득했다.

아도르노의 대학시절에서 가장 중요한 사건을 꼽으라면 1922년에 코르넬리우스의 세미나에서 호르크하이머를 만난 일일 것이다. 이후 수십 년에 걸쳐 수행된 두 인물의 지적 작업은 현대 학문사의 가장 중요한 성과 중 하나가 되었다. 아도르노는 박사학위 취득 후 학자와 음악가라는 두 가지 선택지점에서 고민하다가 음악을 배우기 위해 잠시 빈으로 갔으나, 그에게 음악적 영감을 주었으며 스승이었던 베르크의 권유로 1927년 프랑크푸르트로 돌아와 호르크하이머 및 그가 속한 사회과학연구소의 사람들, 그리고 블로흐, 브레히트, 벤야민 등과 교분을 나눈다.

1931년에는 사회모순에 대한 허구적 화해를 제공한다는 혐의로 키에르케고르의 철학을 비판한 논문으로 교수자격을 취득한다. 이즈음 그의 학문적 성향은 블로흐와 루카치의 영향을 받아 헤겔주의적 마르크시즘으로 경도되고 있었다. 아도르노는 같은 해에 프랑크푸르트 대학의 강사가 되지만 1933년 나치에 의해 강의자격을 박탈당하자 영국으로 망명했다.

1938년에는 미국으로 이주하여 1949년 프랑크푸르트학파로 돌아올 때까지 그곳에서 연구생활을 지속했다. 이 미국 체류시절의 연구들이 그에게 국제적인 명성을 가져다주는데, 아우슈비츠의 참상을 목도한 아도르노는 자본주의 사회의 이데올로기 비판을 넘어서서 인류문명에 대한 역사철학적 비판을 수행하기 시작한다. 호르크하이머와의 공동저작인 『계몽의 변증법』은 그 성과가 집적된 것이다.

1949년 프랑크푸르트로 돌아온 아도르노는 프랑크푸르트 대학의 철학과 및 사회학과의 교수가 되었으며, 아울러 호르크하이머와 함께 사회과학연구소를 재건한다. 이후 그의 연구는 『계몽의 변증법』의 연장으로서, 총체성을 상실하고 자연 및 인간에 대한 지배의 도구로 전락한 이성과, 이성이 그러한 상태에서 벗어날 수 없도록 하는 자본주의 사회의 문화산업에 대한 비판을 수행하는 것이었다.

그의 연구들은 1968년 벌어진 학생운동의 주요한 자극제가 되었으나 직접적인 정치적 행동과 유리된 그의 삶은 운동에 참여한 학생들의 비난의 대상이 되었다. 1969년 스위스 휴가 도중 심장마비로 사망했다.

Ⅱ. 기본 사상: 문화비판과 동일성의 원리

사회와 역사에 대한 아도르노의 분석은 루소를 연상시킨다. 그에게 인간은 '자기 보존 본능'을 가진 존재로 규정된다. 애초 자연의 일부로서 조화를 이루고 있던 인간은 그 이성의 힘으로 자신을 자연과 분리된 존재로 인식하기 시작한다. 그러나 이러한 인식을 통해 인간이 얻은 것은 자연의 거대한 힘에 대한 공포였다. 이 공포로부터의 탈출, 즉 자기 보존을 위해 인간이 선택한 것은 그 자연을 지배하는 것이다.

자연에 대한 지배가 시도되는 시점이 바로 역사가 시작되는 지점이기도 하다. 자연에 대한 지배는 개인적 차원에서 이루어질 수는 없으므로 그를 위해 인간은 사회를 구성하고 자연을 사회에 굴복시킨다. 이는 일차적으로 인간과 자연을 '인식하는 존재'와 '인식되는 존재'로 구분하고, 실질적으로는 완벽하게 인식할 수 없는 자연을 단일한 원리로 규정함으로써 그것이 가지고 있는 무한한 의미를 그 단일원리 속으로 해소시켜 버리는 방법을 통해 달성된다(이것이 '동일성의 원리'이다).

최종적으로는 인간이 가지고 있는 자연적 속성들까지

비인간적 요소로 규정하는 데까지 이른다. 이 과정에서 자신의 통일성, 그리고 자연과 인간의 통일성을 도모해야 할 이성은 자연지배라는 목적에만 봉사하는 기관으로 전락한다. 결국 자연에 대한 지배는 인간 자신에 대한 지배로 귀결된다.

자본주의 사회는 동일성의 원리에 의한 자연과 인간 자신에 대한 지배가 극단화된 사회인데, 인간은 노동하는 존재로서 동일화되고 자연은 노동의 대상으로서 동일화되며 인간과 자연의 관계 속에서 생산된 모든 것들은 노동이 투여된 '상품'으로 동일화된다. 자본주의 사회의 문화산업은 인간 내외의 자연에 대한 지배를 지속시키는 수단으로 등장한다. 즉 그것이 대량으로 전달하는 기호와 메시지들은 반성능력이 작동할 시간을 박탈하고 배후의 동일한 원리를 강제적으로 수용하게 만드는 기제다.

Ⅲ. 교육 사상: 어설픈 교육과 올바른 의식의 성숙

아도르노는 체계적인 교육이론을 정립하지는 않았다. 마르크스가 새로운 정치경제학을 수립한 것이 아니라 기존의 정치경제학을 비판하려고 했던 것처럼, 교육에 대한 아도르노의 분석은 새로운 교육이론의 정립을 위한 것이 아니라 기존의 교육학, 혹은 교육현실을 비판하는 데 목적을 둔 것이었다.

아도르노에게 있어서 현실의 교육은 문화산업의 한 매체, 즉 인간과 자연에 대한 지배를 유지하기 위한 단일 원리를 내면화시키는 장치에 불과하다. 그것은 사회의 지배이데올로기에 저항할 능력도 없고 체제에 적응하기에 바쁘다. 달리 말하면 20세기 '야만의 새로운 양식'으로, 사회의 적응 요구에 따라 지시하고 참견하며 전문가를 흉내내는 어설픈 교육이다. 자아 없는 자아보존상태! 자신의 주체성을 정립할 능력이 없는 교육! 이와 같은 문제는 교육내부의 문제에 의해 야기된 것이 아니라 자본주의 사회의 일부로서의 교육에 필연적으로 강제된 것이다.

이런 차원에서 볼 때, 교육의 문제를 해결하기 위해서는 사회의 변화가 전제되어야 한다. 때문에 아도르노는 체계적인 교수법의 개발을 시도하지 않았다. 현실교육의 변화를 통한 사회변화를 기대하지도 않았다. 대신 자신의 견해를 이렇게 압축한다. 집단적인 것에 맹목적으로 편입되는 인간들은 물질이나 다름없다. 그러므로 물질을 본질로 하여 그 스스로를 지워버린다. 민주주의는 단지 기능하는 것이 아니다. 그 개념에 맞게 일해야 하기 때문에 성숙한 인간들을 필요로 한다. 교육은 올바른 의식의 생산이다!

Ⅳ. 현대교육적 시사점

교육의 기능에 대한 아도르노의 비관적인 전망—사실

상 그는 사회변화의 가능성 자체에 일정정도 비관적인 입장을 취하고 있다 ― 은 교육학의 이론과 실천 모두의 영역에서 무기력을 조장하는 것으로 볼 수도 있다. 그러나 교육을 통해 사회를 변화시킨다는 것을 반드시 교육 자체의 기능을 통해 그것을 수행한다는 형태로 이해할 필요는 없을 것이다.

현실의 교육을 현실 그 자체의 문제를 비춰보는 거울로서 사고하는 것, 즉 교육을 사회와의 관계 속에서 사고하는 것을 통해 인간의 반성적 능력을 고양시키고 궁극적으로 사회의 변화를 추구하는 것 또한 교육을 통한 사회변화의 한 방법으로 간주할 수 있다. 아도르노의 교육비판이 의미를 갖는다면 그러한 측면에서일 것이다.

더 읽을거리

Horkheimer, M., Adorno, T. W. 김유동 역(2001). 『계몽의 변증법』. 서울: 문학과지성사.

Adorno, T. W. 홍승용 역(1999). 『부정변증법』. 서울: 한길사.

제24장 프레이리/일리치

Paulo Freire, 1921~1997
Ivan Illich, 1926~2002

삶의 주체들이 그저 '검증되지 않은 가능성'을
넘어서 '한계상황' 혹은 다양한 상황들을
계속해서 비판적으로 해독하는 것은
다름 아닌 '세계 읽기'를 통해서 가능하다.
—『희망의 교육학』에서

Ⅰ. 생 애

파울로 프레이리는 1921년 브라질에서 가장 가난한 지역인 북동부 페르남부쿠 주의 레시페에서 태어났다. 1946년 레시페 대학 법학과를 졸업한 후 잠깐 동안 변호사 생활을 하기도 한 그는 페르남부쿠 주의 교육 분과에서 본격적인 교육연구 및 교육활동을 벌였다.

1960년대 초 국가 문해 프로그램의 총괄 책임자로 임명되면서 자신의 뜻을 펼칠 기회를 잡는다. 그러나 1964년 브라질에서 군부쿠데타가 일어나 망명길에 올랐다. 망명기 동안 그는 칠레 및 아프리카 등지를 돌아다니며 각국의 문해교육 프로그램 입안 및 실천을 도왔다. 또한 미국을 비롯한 세계 여러 유수 대학의 초청을 받아 활발한 학술연구 및 강연활동을 벌였다.

1980년 브라질로 귀환한 그는 노동자당에 가입하여 정당이 추진하는 성인문해교육을 이끌었다. 1989년부터 1991년까지 상파울로시 교육부장관으로 활동하면서 브라질의 공교육 체제를 개혁하는 일에 매진했다. 공직 사임 후 왕성한 저술활동을 벌이던 중 지병인 심장병으로 1997년 세상을 떠났다.

이반 일리치는 1926년 오스트리아 빈에서 출생했다. 로마 그레고리안 대학에서 신학과 철학을 전공하여 로마 가톨릭교회로부터 서품성사를 받은 그는 이후 잘츠부르크 대학에 진학하여 그곳에서 역사학 박사학위를 받았다. 1956년부터 1960년까지 푸에르토리코 가톨릭대학교 부총장을 역임하지만 보수파 가톨릭교도의 미움을 사 푸에르토리코를 떠났다.

멕시코의 쿠에르나바카로 자리를 옮긴 일리치는 그곳에 국제문화조사센터(CIDOC)를 세우고, 라틴아메리카로 갈 선교사를 교육하는 데 힘썼다. 그러나 국제문화조사센터를 기반으로 행한 각종 급진적인 활동으로 인해 1969년 사제직을 사임하였다.

이후 일리치는 서독으로 건너가 캇셀대학과 괴팅엔대학에서 유럽중세사를 강의하였다. 또한 교회와 교육, 그리고 각종 사회제도에 관해 열리는 세미나에 참석하여 자식의 견해를 적극 표명하였다. 근대문명에 대한 그의 비판적 시각을 담은 7권의 소책자가 이 시기에 발표된다. 그중 가장 대표적인 것이 『학교 없는 사회(*Deschooling Society*)』와 『병원이 병을 만든다(*Limits to Medicine, Medical Nemesis: the Expropritian of Health*)』 등이다. 일리치는 2002년 12월 독일 브레멘 자택에서 향년 76세의 나이로 세상을 떠났다.

Ⅱ. 기본 사상: 인간해방과 사회변혁

프레이리와 일리치 교육의 기초가 되는 기본 사상은 크게 '인간관'과 '사회관'으로 나누어 볼 수 있다. 비판적 교육학의 기본 테제인 사회변혁과 교육개혁의 필요성은 이들이 규명한 인간성(humanity)에서 찾을 수 있으며, 변화의 궁극적인 지향도 이를 통해 밝힐 수 있다.

프레이리와 일리치가 궁극적으로 지향하는 것은 '인간해방'의 실현이다. 인간은 자신의 의지에 따라 자유롭게 선택을 내리고, 이에 책임을 지는 주체적 존재로서 일체의 속박과 구속, 억압으로부터 자유롭고, 이를 낳는 권위적 사회구조를 자발적 투쟁으로 변화시켜 나간다.

프레이리는 이를 주어진 환경에 적응하고 길들여지는 동물과 다른 인간의 '존재론적 소명'이라고 밝혔다. 그리고 인간만이 자신의 행동으로 문화와 역사를 창조하는 프락시스—이론적 실천—의 존재라고 규정한다. 즉 인간은 성찰과 행동, 이론과 실천 사이의 끊임없는 변증법을 통해 주어진 세계를 이해하고, 이를 다시 변혁해가는 역사적·문화적 존재인 것이다.

일리치의 인간성 개념은 프레이리보다 다소 관념적인 성격을 띤다. 그는 그리스신화에 등장하는 프로메테우스와 에피메테우스를 차용하여, 후자인 에피메테우스적 인간의 재탄생을 종용한다. 프로메테우스적 인간은 합리적인 사회를 만들기 위해 여러 가지 제도들을 고안하고, 끊임없이 이에 자신을 맞추는 제도 의존적·통제 지향적 인간형이다. 일리치에게 참된 인간성의 발현은 환경에 맞게 자신을 개조하고, 만들어진 제도에 복속되는 수동적인 인간이 아니라, 스스로 사물을 변화시키고, 자신의 의지에 따라 자유로운 선택을 내리는 자율적인 인간에게서 가능하다.

이렇듯 프레이리과 일리치 모두 인간을 이성적이고, 자의식이 있으며, 주어진 한계상황을 뛰어넘는 자유로운 존재로 규정한다. 이런 점에서 이들의 인간관은 낙관적·희망적인 성격을 보인다.

한편 프레이리와 일리치는 비인간화 현상을 초래하고 이에 침묵하는 불평등한 사회구조 및 억압적인 사회제도에 대한 비판을 통해 사회를 조명한다.

프레이리는 지배계급의 문화침략에서 조장된 침묵의 문화(culture of silence)가 피억압자의 비판의식을 잠재우고, 자신이 처한 불평등한 상황을 무력하게 수용하는 숙명론을 낳는다고 비판한다. 현대사회에서 자행되는 지배계급의 억압은 더 이상 가시적인 형태의 정치적 지배나 무력적 탄압이 아니라 발전을 가장한 교묘한 기술지배나 이데올로기 주입, 또는 문화적 지배 형태로 이루어진다. 따라서 이에 대한 대항은 비판적 사회 고찰을 위한 의식화와 인간성 회복을 위한 문화 투쟁에의 적극적 참여로 이루어진다.

일리치의 사회 비판은 교회, 학교, 병원과 같은 각종 사회제도와 그 속에서 창출된 제도의 가치에 관한 것이다. 인간 사이에 행해지던 자유로운 의사소통과 자발적 연대가 현대 산업사회에 들어오면서 보편과 평등이란 명분하에 제도화 과정을 거친다. 그러나 이는 오히려 특정 계급의 이익에만 봉사하는 이데올로기로 작용한다. 따라서 그는 개인의 자발성을 무시한 각종 의무적인 사회제도들을 철폐하고, 그 속에서 신화화된 제도적 가치들을 불식시키는 근본적인 사회변혁이 있어야만 개인의 필요와 자유로운 선택이 존중되는 공생적(convivial) 사회를 이룰 수 있다고 주장한다.

Ⅲ. 교육 사상: 문제제기식 교육과 탈학교 학습네트워크

비판적 교육학자들은 현대 자본주의 사회의 학교교육을 매우 회의적인 시각에서 검토한다. 프레이리와 일리치도 학교교육 비판을 공통분모로 삼아 자신의 교육 사상을 발전시키지만, 문제를 해결할 구체적 방법과 대안의 성격은 조금 다르다.

프레이리와 일리치는 전통적인 자유주의 교육철학이 표방하는 학교교육의 중립성과 합리적인 지식관을 배격하고, 그에 내재된 지배계급의 이데올로기성을 폭로한다. 자유주의 철학자들에 따르면, 교육은 공적으로 명시될 수 있는 지식에 의해 그 범위와 내용이 결정되고, 교육 자체 외엔 다른 목표를 가지지 않는다. 따라서 이들에게 학교는 절대적인 진리와 객관적인 사실만을 전달하는 가치있는 사회화 기관으로 여겨진다.

그러나 일리치는 이런 학교제도가 중세교회와 유사한 3중의 역할을 수행하고 있다고 본다. 그것은 사회의 신화를 저장하는 역할, 그 신화가 가지고 있는 모순을 제도화하여 신화와 현실 사이의 차이를 재생산하는 역할, 그리고 그것을 은폐하기 위한 의례로서의 역할을 한다. 여기서 사회의 신화란 자신이 겪는 각종 사회적 불평등과 경제적 착취를 제도적 학교교육을 제대로 받지 않은 데서 찾는 왜곡된 신념을 말한다.

프레이리는 학교지식이 갖는 이런 이데올로기적 성격뿐만 아니라 교사와 학생, 이 두 교육 주체 사이의 관계를 비판적으로 분석하였다. 그것이 유명한 '은행저금식 교육(banking education)'이다. 은행저금식 교육은 예탁자인 교사가 예탁금인 지식을 학생에게 일방적으로 전달하면 학생은 이를 무비판적으로 수용하여 저장하고 반복한다는 주입식 교육 개념이다. 이는 학교가 비판의식이 결여된 순응적 인간만을 양성케 하여 현재의 부당한 지배체제를 더욱 공고히 하는 폐단을 낳는다.

일리치와 프레이리는 인간의 존재론적 소명을 저버리는 학교를 단순히 비판하는 데 그치지 않고, 이를 개혁할

<그림 8> 프레이리의 『페다고지』 표지

수 있는 구체적인 대안을 제시하였다.

프레이리는 인간화가 실현되는 민주적 학교를 지향한다. 일부 혹자는 그를 학교폐지론자 혹은 탈학교론자로 분류하고 있으나, 이는 그가 성인 문해교육에 관심을 쏟았던 초·중기 교육활동 및 이 시기 교육저서에만 관점을 집중한 협소한 해석이다. 그의 후기저작들, 대표적으로 『자유의 교육학(*Pedagogy of Freedom*)』을 보면 프레이리가 학교라는 제도 자체를 부정한 것이 아니라, 그 속에서 이루어지는 권위적인 교육관계, 즉 교사-학생 관계를 개혁할 방안을 모색하고 있음을 쉽게 알 수 있다. 그 대표적인 방법이 바로 대화를 통한 문제제기식 교육과 비판의식의 고양을 위한 의식화 교육이다. 교사와 학생의 권위주의적 관계에서 비롯된 은행저금식 교육은 인간화가 실현되는 민주적 학교에 반한 비인간적 교육이다. 이에 대해 프레이리는 교사와 학생의 평등한 대화적 관계에 터한 '문제제기식 교육(posing problem education)'을 주장한다.

문제제기식 교육은 지식을 인간 외부에 존재하는 과학적 혹은 객관적인 진리라고 보는 전통적인 관점에서 벗어나 지식 자체를 학습자의 구체적 경험과 삶에서 도출하여 이를 문제화한다. 이때 교사는 일방적인 선전이나 구호로서가 아닌 학생과의 평등한 대화를 통해 문제로 부각된 주제에 관해 자유롭게 토론한다. 학습자는 교사와의 그런 대화 속에서 점차 의식화 과정을 거치고, 자신을 둘러싼 세계를 비판적으로 고찰할 수 있게 된다. 이것이 바로 프레이리가 지향한 민주적 학교, 즉 인간의 존재론적 소명을 실현하는 인간 해방으로서의 학교교육이다.

일리치는 프레이리와 같이 학교교육의 개혁이 아닌 학교 자체의 '폐지'를 주장하는 급진적 탈학교론을 제시한다. 학교제도의 폐지는 학교교육만이 인간의 사회적 지위를 결정하는 가장 정당한 방법이라는 오래된 사회적 신화를 파기한다. 이는 교육과 학교교육을 같은 것으로 간주하고 학교졸업장이 바로 취업으로 연결되는 '학교화된 사회'를 '탈학교화'시키는 작업으로, 근본적인 사회변혁을 요구한다.

일리치에게 교육기회의 평등화는 바람직한 일이다. 그러나 이것은 인간의 다양한 가치를 무시한 보편적 의무교육제도가 아닌 학습자 개개인의 진정한 필요성에 입각한 공생적 제도로 달성되어야 한다. 일리치가 제시한 공생적 제도는 바로 학습네트워크 혹은 학습망 내에서 이루어진다. 다양한 비형식적 교육으로, 이에 참여한 개인은 학습연결망을 통한 유사 관심영역에 대한 아이디어 공유, 교육기능의 상호교환을 위한 교육증표의 활용, 그리고 컴퓨터를 이용한 양질의 교육자료 및 교육자 조회 등 참여적이고 지방분권적인 자유로운 학습기술을 통한 자기주도적 교육을 하게 된다. 개개인이 자신의 자유를 실현하면서도 타인과 더불어 공생할 수 있는 사회는 바로 이런 탈학교 학습네트워크의 구축을 통해 이루어진다.

Ⅳ. 교육적 의의

프레이리와 일리치의 교육 사상은 그간 교육학 내의 지배적 논리로 통용되어 왔던 학교교육의 중립성에 강한 문제제기를 한 비판적 교육이론이다. 교육과 사회 사이의 순기능만을 주목한 다수의 교육이론들이 특정한 사회 계층의 이익에 봉사하는 이데올로기로 작용할 수 있다는 이들의 지적은 학교교육에 대한 다양한 교육학적 담론이 형성되고, 다양한 방향에서 그에 대한 대안이 모색·실험되게 한 중요한 계기로 작용했다.

이들이 주장하는 '인간 해방의 교육'은 인간 존재를 매우 희망적이고 낙관적인 유토피아적 인간관에 기반하고 있다. 때문에 이들이 제시한 대안이 지나치게 실현 가능성이 낮은 공상적인 성격을 띤다는 한계도 있다. 하지만 인간성을 끊임없이 규명하고, 인본적 사회를 만들기 위한 그들의 투쟁 정신은 교육학 내에 독자적 영역을 형성하고 있다.

더 읽을거리

Freire, P. 성찬성 역(1995). 『페다고지: 억눌린자를 위한 교육』. 서울: 한마당.

Freire, P. 교육문화연구회 역(2000). 『프레이리의 교사론』. 서울: 아침이슬.

Freire, P. 사람대사람 역(2007). 『자유의 교육학』. 서울: 아침이슬.

Freire, P. 교육문화연구회 역(2002). 『희망의 교사론』. 서울: 아침이슬.

Freire, P. 한준상 역(2003). 『교육과 정치의식』. 서울: 한국학술정보.

Freire, P. 프락시스 역(2006). 『우리가 걸어가면 길이 됩니다』. 서울: 아침이슬.

Freire, P. 교육문화연구회 역(2003). 『망고나무 그늘 아래서』. 서울: 아침이슬.

Freire, P. 채광석 역(2007). 『교육과 의식화』. 서울: 중원문화.

Illich, I. 이한 역(2004). 『성장을 멈춰라』. 서울: 미토.

Illich, I. 박홍규 역(2004). 『병원이 병을 만든다』. 서울: 미토.

Illich, I. 박홍규 역(2005). 『그림자노동』. 서울: 미토.

Illich, I. 심성보 역(2003). 『학교없는 사회』. 서울: 미토.

<교육사상의 계보도>

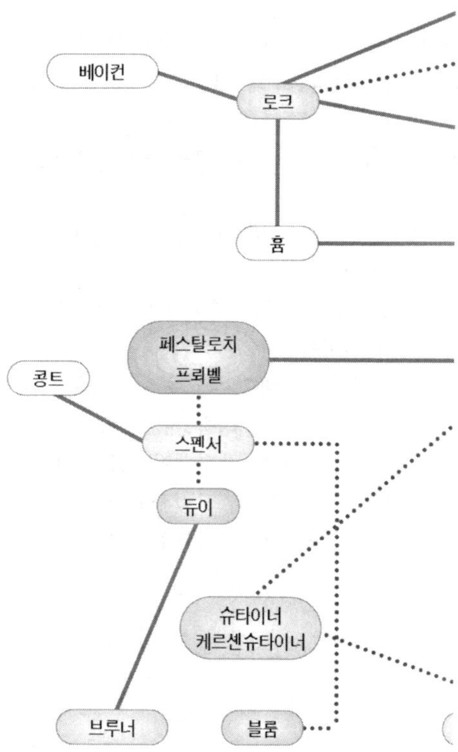

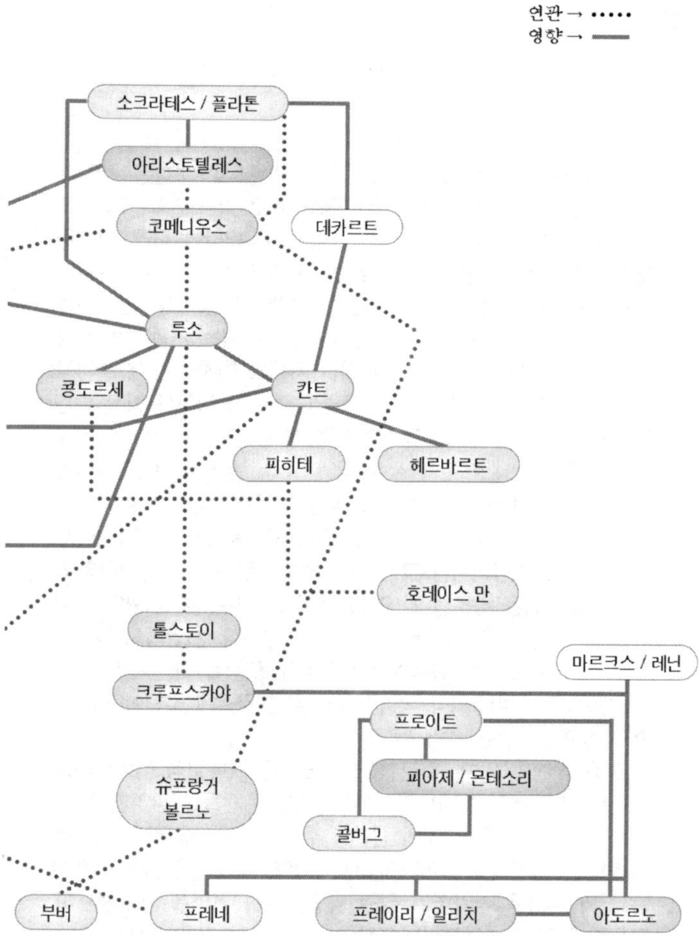
연관 → ·····
영향 →
소크라테스 / 플라톤
아리스토텔레스
코메니우스
데카르트
루소
콩도르세
칸트
피히테
헤르바르트
호레이스 만
톨스토이
마르크스 / 레닌
크루프스카야
프로이트
피아제 / 몬테소리
슈프랑거
볼르노
콜버그
부버
프레네
프레이리 / 일리치
아도르노

이 **계보도**는 주로 철학의 인식론을 기준으로 구성된 것이다. 따라서 그 기준을 바꾼다면 사상가들의 계보 역시 변화한다.

서양의 교육사상사는 인식론을 기준으로 한다면 크게 **이상주의**와 **경험주의**로 나눌 수 있다. 소크라테스 및 플라톤으로부터 연원하는 이상주의는 진리란 참된 존재를 직관(直觀)하는 것을 얻을 수 있다고 주장한다. 이성은 직관할 수 있는 기관이며, 감각기관에 의해 획득된 정보는 그 기관 자체의 한계로 인해 필연적으로 거짓이다. 모학문인 철학과 달리 교육사상사에서 이 전통은 플라톤 이후 거의 주목받지 못했으며 데카르트-루소-칸트를 경유하며 변형된 형태로 그 흔적을 남겨 왔다. 반면 아리스토텔레스로 대표되는 경험주의는 진리의 발견에 있어서 감각기관을 통한 경험을 배재하지 않는다. 이 입장 역시 지식을 만드는 것은 이성이라는 것을 인정하지만 그 이성 작업의 재료는 경험을 통해 획득한 정보들임을 강조한다. 오류를 범하는 것은 감각기관이 아니라 그를 통해 얻은 재료를 처리하는 이성이다. 서양의 교육사상사는 이 전통에 의해 강력하게 지배받아 왔는데, 이는 16세기 이후 기독교적 신비주의와 과학기술의 발전 각각에 결합하며 여러 가지 변형된 모습을 갖게 된다.

코메니우스에 의해 교육사상으로 도입된 **기독교적 신비주의**는 만물을 신의 본성을 나누어 가지고 있는 존재들로 파악한다. 따라서 그것을 파악하는 것이 인간의 주요한 존재이유이며 그를 통해 인간은 신에게로 돌아가게 된다. 코메니우스는 만물에 존재하는 신의 본성을 파악하기 위한 방법으로서 경험을 강조했으며, 교육은 그것을 훈련시키는 작업이다. 인간과 교육에 대한 이와 같은 입장은 이후 루소를 경유하여 칸트-페스탈로치-톨스토이-슈타이너/케르셴슈타이너-슈프랑거/볼르노-부버/프레이리로 이어지며 주로 독일 중심의 계보를 형성하게 된다.

이에 비해 과학기술의 발전에 의해 형성된 **과학적 합리주의**는 존재의 본성을 외부(즉 신)로부터 주어진 것이 아니라 그 자체에 고유한 것으로 파악하는 경향이 있다. 기독교적 신비주의에서 말하는 경험이란 정통적인 아리스토텔레스의 입장에 서서 사물을 '관조'하는 것인 데 반해, 이 입장에서는 '실험'과 같은 근대과학적 의미를 가지는 것이다. 여기에서는 교육이 인간을 형성하는 작용이라기보다 지식을 획득하고 전수하는 수단이라는 의미로 한정되며, 혹 인간의 형성을 말한다고 하더라도 그 인간은 보편적이고 추상적인 것이 아니라 특정한 사회에서의 구체적 인간을 말하는 것이다. 이 전통은 콩트-스펜서-듀이-브루너로 이어지며 주로 영미권에서 주류를 이루고 있다.

여기에 근대사회로의 전환이 교육사상사에 반영되어 몇 가지 흐름을 형성하게 되는데, 이는 근대에 발생한 생산시스템과 가족제도의 혁명적 변화로 인해 탄생한 **마르크시즘**과 **프로이트주의**라는 이론체계를 우회하여 이루어진 것이다. 인간을 '사회적 관계의 총체'로서 파악하는 마르크시즘은 크루프스카야, 프레네, 프레이리/일리치, 아도르노 등의 교육사상을 형성하는 데 강력한 영향을 미쳤다. 아울러 인간의 정신 및 행위에 있어서 '무의식'의 기능을 강조하는 프로이트주의는 피아제/몬테소리, 콜버그, 아도르노 등의 교육사상의 중요한 기반이 되었다.

참고문헌

강선보(1989). “마르틴 부버의 만남의 교육철학에 관한 연구”. 고려대학교 박사학위논문.

고병헌(2000). “톨스토이의 교육이론과 실천”. 「처음처럼」 20.

고재희(2008). 『교육방법 및 교육공학』. 서울: 교육과학사.

곽노의(1996). 『프뢰벨−생애와 교육』. 서울: 양서원.

곽노의(2000). 『프뢰벨의 유아교육이론 연구』. 서울: 학민사.

구경선(2001). 『몬테소리의 교육사상과 실제』. 서울: 교육아카데미.

김교태(1974). “오토 볼르노의 인간학적 교육학에 관한 연구”. 경북대학교 석사학위논문.

김규성(1993). 『존 로크의 교육사상을 이해한다』. 서울: 학문사.

김동식(2005). 『듀이: 경험과 자연』. 울산: 울산대학교출판부.

김무길(2005). 『존 듀이의 교호작용과 교육론』. 서울: 원미사.

김병옥(1986). 『칸트 교육사상 연구』. 서울: 집문당.

김상봉(1985). 『순수이성비판 입문』. 서울: 한겨레.

김상봉(1999). 『호모 에티쿠스』. 서울: 한길사.

김영래(2003). 『칸트의 교육이론』. 서울: 학지사.

김영식(2001). 『과학혁명』. 서울: 아르케.

김정환(2008). 『페스탈로치의 생애와 사상』. 서울: 박영사.

김창환(2002). 『헤르바르트: 실천학으로서의 교육학』. 서울: 문음사.

김혜선(2007). “톨스토이의 자유민중교육에서의 문학예술의 의미". 감리교신학대학교 석사학위논문.
김호권(1997). 『완전학습이론의 발전』. 서울: 문음사.
남경희(2006). 『플라톤: 서양철학의 기원과 토대』. 서울: 아카넷.
남궁달화(1995). 『콜버그의 도덕교육론』. 서울: 철학과현실사.
남억우 외(1990). 『최신 교육학대사전』. 서울: 교육과학사.
대한기독교서회(1977). 『현대신학자 20인』. 서울: 대한기독교서회.
문용린(1988). "콜버그의 생애와 사상: 그의 一週忌를 맞으면서". 「교육개발」 56.
민병산(1985). 『똘스또이』. 서울: 창작과비평사.
박노자(2005). 『우승열패의 신화』. 서울: 한겨레신문사.
박성진(2003). 『사회진화론과 식민지 사회사상』. 서울: 선인.
박의수 외(2008). 『교육의 역사와 철학』. 서울: 동문사.
박정태(2007). 『칸트 철학을 요약해 줄 수 있을 네 가지 경구에 대하여』. 서울: 이학사.
박정호 외(1997). 『현대 철학의 흐름』. 서울: 동녘.
백종현(1992). 『칸트 비판철학의 형성과정과 체계』. 서울: 서광사.
백종현(2000). 『존재와 진리』. 서울: 철학과현실사.
서강식(2007). 『피아제와 콜버그의 도덕교육이론』. 서울: 인간사랑.
서동욱(2006). 『칸트의 비판철학』. 서울: 민음사.
서진수(1997). 『고전경제학파 문헌목록』. 서울: 한국문화사.
손인수 · 김동구(1988). 『교육사 교육철학』. 서울: 민음사.
송도선(2004). 『존 듀이의 경험 교육론』. 서울: 문음사.
송순재(2000). 『유럽의 아름다운 학교와 교육개혁운동』. 인천: 내일을여는책.
신창호(2004). "'무위 · 자연'과 '만남 · 대화'의 교육철학적 의미". 「교육발전연구」 20(1).
신화식(2007). 『개별화 교육을 위한 몬테소리 이론과 실제』. 서울:

양서원.
안숙(1988). “크룹스카야의 종합기술교육사상 연구”. 이화여자대학교 석사학위논문.
안인희(1990). 『루소의 교육론 에밀』. 서울: 양서원.
엄태동(2001). 『존 듀이의 경험과 교육』. 서울: 원미사.
연세대학교 교육철학연구회(1999). 『위대한 교육사상가들 Ⅳ』. 서울: 교육과학사.
연세대학교 교육철학연구회(2000). 『위대한 교육사상가들 Ⅵ』. 서울: 교육과학사.
우정길(2007). “마틴부버: 대화철학과 대화교육학의 임계점에 관하여”. 「교육철학」 40.
이 한(2005). 『(철학이 있는) 콜버그의 호프집: 통념을 깨는 윤리학』. 서울: 미토.
이규환(1993). “크루프스카야의 『국민교육론』”. 「중등우리교육」 1993년 7월.
이선옥(2002). 『몬테소리교육사상』. 서울: 교육아카데미.
이선옥(2008). 『몬테소리교육의 이론과 실제』. 서울: 태영출판사.
이성호(2002). 『교수방법론』. 서울: 학지사.
이숙종(1996). 『코메니우스의 교육사상』. 서울: 교육과학사.
이유선(2006). 『듀이 & 로티』. 서울: 김영사.
이유선(2008). 『실용주의』. 파주: 살림.
이윤자(1979). 『프뢰벨의 은물의 이론과 실제』. 서울: 보육사.
이재영(1999). 『영국 경험론 연구』. 서울: 서광사.
이정우(2000). 『서양철학의 파노라마』. 서울: 산해.
이정우(2004). 『개념-뿌리들』. 서울: 철학아카데미.
이충원(1985). 『호레이스 만의 생애와 교육사상』. 서울: 배영사.
이홍우 외(2003). 『교육과정이론』. 서울: 교육과학사.
이환기(2004). 『헤르바르트의 교수이론』. 서울: 교육과학사.

임태평(2005). 『존 듀이: 철학적 탐구와 교육』. 서울: 교육출판사.
임태평(2008). 『루소와 칸트 교육에 관하여』. 서울: 교육과학사.
장승희(1981). "위기현상에 대한 교육철학적 고찰－볼르노의 실존적 교육사상을 중심으로－". 고려대학교 석사학위논문.
전복희(2007). 『사회진화론과 국가사상』. 서울: 한울아카데미.
전성연(2001). 『교수·학습의 이론적 탐색』. 서울: 원미사.
전일균(1995). "케르센슈타이너와 듀이의 勞作敎育論 비교연구". 고려대학교 박사학위논문
전일균(2004). 『노작교육론』. 서울: 내일을여는책.
정　훈(2009). 『자발성과 협력의 프레네 교육학』. 서울: 내일을여는책.
정금자(1999). "케르센슈타이너 교육사상에서의 흥미의 개념과 유아교육학적 의의". 「인문예술논총」 19.
정동준(2003). 『프랑스 대혁명기의 공교육계획』. 서울: 국학자료원.
정윤경(2000). 『루돌프 슈타이너의 인지학과 발도로프 학교』. 서울: 내일을여는책.
정윤경(2003). 『발도르프 교육학』. 서울: 학지사.
정희영(2008). 『피아제와 교육』. 서울: 교육과학사.
조성자(2006). 『몬테소리 과학적 교육학』. 서울: 신정.
주영흠(2003). 『자연주의 교육사상』. 서울: 학지사.
진은영(2004). 『순수이성비판, 이성을 법정에 세우다』. 서울: 그린비.
철학연구회(2003). 『진화론과 철학』. 서울: 철학과현실사.
최용섭(1997). 『헤르바르트 교육학연구』. 광주: 조선대학교출판부.
크리스찬아카데미(1992). 『대화의 철학』. 서울: 서광사.
편경희(2008). 『존 듀이 다시 읽기』. 서울: 한국학술정보.
한정선 외(2008). 『교수방법 및 교육공학』. 서울: 교육과학사.

한주미(2002). 『노래하는 나무』. 서울: 민들레.

Albert, K. 임성철 역(1999). 『플라톤의 철학개념』. 서울: 한양대학교출판부.

Baillet, D. 송순재 · 권순주 역(2003). 『프레네 교육학에 기초한 학교만들기』. 인천: 내일을여는책.

Barnard, H. C. 서정복 역(1993). 『프랑스 혁명과 교육개혁』. 서울: 삼지원.

Berlin, I. 조준래 역(2008). 『러시아 사상가』. 서울: 생각의나무.

Bloom, B. S. 김호권 역(1977). 『교육평가총론: 교과학습의 형성적 평가와 총괄적 평가』. 서울: 한국능력개발사.

Bloom, B. S. 김호권 · 이성진 · 김상호 역(1989). 『교육평가핸드북: 교과학습의 형성적 평가와 총괄적 평가』. 서울: 교육과학사.

Bloom, B. S. 임의도 · 고종열 · 신세호 역(1968). 『교육목표분류학: 교육목표의 분류 및 평가의 실제. 1. 지적영역』. 서울: 배영사.

Bloom, B. S. 임의도 · 고종열 · 신세호 역(1968). 『교육목표분류학: 교육목표의 분류 및 평가의 실제. 2. 정의적 영역』. 서울: 배영사.

Bloom, B. S. 황정규 역(1972). 『교육혁신』. 서울: 배영사.

Boden, M. 서창렬 역(1999). 『피아제』. 서울: 시공사.

Bruner, J. S. 강현석 · 이자현 역(2005). 『교육의 문화』. 서울: 교육과학사.

Bruner, J. S.(1960). *The Process of Edcation*. Cambridge, Mass: Harvard University Press.

Bruner, J. S.(1966). *Toward a Theory of Instruction*. Cambridge. MA: Belknap.

Condorcet, M. de. 장세룡 역(2002). 『인간 정신의 진보에 관한 역사적 개요』. 서울: 책세상.

Coplestore, F. C. 이재영 역(1991). 『영국 경험론』. 서울: 서광사.

Cornford, F. M. 이종훈 역(1987). 『소크라테스의 철학』. 서울: 박영사.

Coser, L. 신용하 · 박명규 역(2003). 『사회사상사』. 서울: 시그마프레스.

Curtis, S. J. & Boultwood, M. E. A(1975). *A Short History of Educational Ideas*. UK: University Tutorial Press.

Dawkins, R. 홍영남 역(2006). 『이기적 유전자』. 서울: 을유문화사.

Dumont, J. P. 이광래 역(1999). 『그리스 철학』. 서울: 한길사.

Francomme, O. & Even, J-N. 성장학교 별 편역(2006). 『프레네 학교 이야기』. 서울: 별.

Francomme, O. & Even, J-N. 성장학교 별 편역(2007). 『두번째 프레네 학교 이야기』. 서울: 별.

Freinet, C.(1994a). *ŒUVRES PÉDAGOGIQUES*. TOME Ⅰ. Paris: Seuil.

Freinet, C.(1994b). *ŒUVRES PÉDAGOGIQUES*. TOME Ⅱ. Paris: Seuil.

Freud, S. 김인순 역(2004). 『꿈의 해석』. 서울: 열린책들.

Freud, S. 임홍빈 역(2004). 『정신분석강의』. 서울: 열린책들.

Ginsburg, H. P. & Opper, S. 김정민 역(2006). 『피아제의 인지발달이론』. 서울: 학지사.

Hebenstreit, S. 이명아 역(2005). 『참교육자 마리아 몬테소리』. 서울: 문예출판사.

Herbert, J. F. 김영래 역(2006). 『헤르바르트의 일반교육학』. 서울: 학지사.

Hirschberger, J. 강성위 역(1987). 『서양철학사』. 서울: 이문출판

사.

Kant, I. 백종현 역(2002). 『실천이성비판』. 서울: 아카넷.

Kant, I. 백종현 역(2006). 『순수이성비판』. 서울: 아카넷.

Kant, I. 조관성 역(2007). 『칸트의 교육학 강의』. 서울: 철학과현실사.

Kats, L. R. 김성동 역(2007). 『윤리의 진화론적 기원』. 서울: 철학과현실사.

Kohlberg, L. 문용린 역(2000). 『콜버그의 도덕성 발달이론』. 서울: 아카넷.

Kohlberg, L. 이동훈 역(1985). 『도덕 교육 철학』. 서울: 대한예수교장로회출판국.

Kounine, V. Z.(2000). "톨스토이 야쓰나야 빨랴나 실험학교". 「처음처럼」 20.

Kramer, R.. 조옥희 역(2001). 『마리아 몬테소리』. 서울: 양서원.

Krupskaya, N. K. 한신대학 제3세계문화연구소 역(1989). 『국민교육론』. 서울: 돌베개.

Krupskaya, N. K.(1989). 김선우 역(1989). 『국민교육과 민주주의』. 서울: 청년사.

Locke. J. 김규성 역(1993). 『존 록크의 교육사상을 이해한다』. 서울: 학문사.

Marthe, R.. 이재형 역(2007). 『프로이트: 생애와 사상』. 서울: 문예출판사.

Mercogliano, C. 조응주 역(2005). 『살아있는 학교 어떻게 만들까』. 서울: 민들레.

Montessori, M. 이상금 역(1999). 『몬테소리 교육법』. 서울: 교문사.

O'Donnel, M. G. 손준종·구혜정 역(2002). 『고전정치경제학자들의 교육사상』. 서울: 원미사.

Peters, R. S. 정희숙 역(1989). 『교육철학자비평론』. 서울: 서광사.
Piaget, J. et al. 김태수 역(1990). 『구조주의의 이론』. 서울: 인간사랑.
Richmond, P. G. 강인 역(1994). 『Piaget 이론 입문』. 서울: 학지사.
Ricken, F. 김성진 역(2000). 『고대 그리스 철학』. 서울: 서광사.
Scheible, H. 김유동 역(1997). 『아도르노』. 서울: 한길사.
Scheuerl, H. et al. 정영근 외 역(2004). 『교육학의 거장들 2』. 서울: 한길사.
Shklovskii, V. B. 이강은 역(2009). 『레프 톨스토이 1』 서울: 나남.
Shklovskii, V. B. 이강은 역(2009). 『레프 톨스토이 2』. 서울: 나남.
Spencer, H.(1851). *Social Statics*. NY: Augustus M. Kelley.
Spencer, H.(1860). *Education: intellectual, moral, and physical*. NY: D. Appleton.
Spencer, H.(1902). *First Principles*. NY: American Home Library. Co.
Spencer, H.(1911). *Essays on Education, etc*. NY: E.P. Dutton.
Tolstoy, L. N. 김병철 역(1983). 『예술론/참회록/인생론/신앙론/교육론』. 서울: 을유문화사.
Tolstoy, L. N. 김학수 역(1975). 『종교론 · 국민교육론』. 서울: 서문문고.
Tolstoy, L. N. 채수동 · 고산 역(2005). 『인생이란 무엇인가』. 서울: 동서문화사.
Turner, J. H., Beeghley L. & Powers C. H. 김문조 외 역(1997). 『사회학이론의 형성』. 서울: 일신사.

http://en.wikipedia.org/wiki/Nadezhda_Konstantinovna_Krupskaya
http://www.heinrich-pestalozzi.info/en/documentation/

http://www.ibe.unesco.org/fileadmin/user_upload/archive/publications/Thinkers.Pdf/kerschee.PDF
http://www.waldorf.or.kr/7all.html

찾아보기

인명

사항

저자 소개

대표집필

강선보(교육학박사): 고려대 교수, 사범대학장 겸 교육대학원장
한용진(교육학박사): 고려대 교수, 평생교육원장
신창호(교육학박사): 고려대 교수

집필진

정　훈(교육학박사): 대구대 교수
강성훈(교육학박사): 고려대 강사
장지원(박사과정 수료): 경희대 강사
이윤범(박사과정 수료): 상명고 교사
이화식(박사과정): 고대 교육문제연구소 연구원
김정화(박사과정): 서울시 교육청 장학사
문혜림(석사과정): 연구조교
최승현(석사과정): 안산 경수초 교사
윤선인(석사과정): 연구조교
이동윤(석사과정): 연구조교
김자중(석사과정): 연구조교
조경민(석사과정): 고대 고등교육연구소 연구보조원
홍기표(석사과정): 연구조교

교육사상의 역사 값 12,000원

2009년 9월 1일 1판 2쇄

편 저 자 고려대학교 교육사철학연구모임
발 행 인 임 경 환
발 행 처 **집 문 당**
주 소 413-756 경기도 파주시 교하읍 문발리 514-7(본사)
110-360 서울시 종로구 와룡동 95번지(서울사무소)
등 록 1971. 3. 23. 제2-304호
영 업 부 (02)743-3192~3 팩스 (02)742-4657
전자우편 sale@jipmoon.co.kr
편 집 부 (02)743-3096 팩스 (02)743-3097
전자우편 edit@jipmoon.co.kr
홈페이지 www.jipmoon.co.kr

ISBN 978-89-303-1406-0

이 도서의 국립중앙도서관 출판시도서목록(CIP)은 e-CIP 홈페이지 (http://www.nl.go.kr/ecip)에서 이용하실 수 있습니다.(CIP제어번호: CIP2009000930)